别让不懂
人情世故
害了你

夏莫 著

BIE RANG
BUDONG RENQINGSHIGU
HAI LE NI

民主与建设出版社

©民主与建设出版社，2023

**图书在版编目（CIP）数据**

别让不懂人情世故害了你 ／ 夏莫著．－－北京：民主与建设
出版社，2016.12（2023.3 重印）
ISBN 978-7-5139-0790-3

Ⅰ．①别… Ⅱ．①夏… Ⅲ．①人际关系－通俗读物
Ⅳ．①C912.11-49

中国版本图书馆 CIP 数据核字（2016）第 301716 号

**别让不懂人情世故害了你**
BIE RANG BU DONG RENQINGSHIGU HAI LE NI

| | | |
|---|---|---|
| **著　　者** | 夏　莫 | |
| **责任编辑** | 刘树民 | |
| **装帧设计** | 亿德隆 | |
| **出版发行** | 民主与建设出版社有限责任公司 | |
| **电　　话** | （010）59417747　59419778 | |
| **社　　址** | 北京市海淀区西三环中路10号望海楼E座7层 | |
| **邮　　编** | 100142 | |
| **印　　刷** | 三河市天润建兴印务有限公司 | |
| **版　　次** | 2017年1月第1版 | |
| **印　　次** | 2023年3月第2次印刷 | |
| **开　　本** | 710mm×1000mm　1/16 | |
| **印　　张** | 15 | |
| **字　　数** | 200千字 | |
| **书　　号** | ISBN 978-7-5139-0790-3 | |
| **定　　价** | 35.00元 | |

注：如有印、装质量问题，请与出版社联系。

# 目录
## CONTENTS

第二辑 CHAPTER 02
**该说再见了就别再说你好**

# 目录
CONTENTS

**第四辑** CHAPTER 04
**你的态度决定着你人生的高度**

# 目录
CONTENTS

第六辑 CHAPTER 06
**眼前也有诗和远方**

# 别让
# 不懂人情世故
# 害了你

———•———

# ①

你越真诚,

你的朋友就越容易付出真心。

懂得人情世故,

懂得圆滑,

才能与自己握手言和。

# 别让不懂人情世故害了你

我们生活在一个现实的社会。一些人和事，你无法改变的时候，就需要改变自己，努力让自己适应这个社会。如果不想处处碰壁，你就必须懂得一些人情世故，掌握一些交际礼仪和沟通技巧，适时宜地"来事"，灵活地处世。

年轻时，我们就像一只刺猬一样活着，既不懂得如何收敛自己的锋芒，也不懂如何让别人毫无防备的靠近，不被自身所带的刺扎伤。

那时的我们不谙世事，却心怀梦想，满脸无知的踏入了这个充满了诱惑的社会。

步步诱惑，亦是步步陷阱。即使千方百计小心翼翼的保护自己，往往也会防不胜防的被伤害。

[ 你所放弃的工作机遇，都是你璀璨的人生。]

还记得，大学刚毕业时，我站在宿舍门口，提着一个行李袋，豪言壮志的对室友说：你们等着，我到广州去打天下了，你们等着我回来！

我一路南下，兜里揣着仅有了六百元生活费，抵达广州。很快，我开始四处找工作，可是，每一份工作我都做得不长久。两三个月，或者半年，最长不过一年。因为，我总觉得，工作不适合我，老板不够通情达理，同事不够友善。

直到后来，我伤痕累累，灰头土脸的回到家乡。

回忆起自己在广州走过的那几年，才知道，其实，并不是工作不适合我，不是老板不够好，而是我自己并不懂得如何经营人情世故。

而我所放弃的那些工作机遇，原本应该是我璀璨的人生，可是却硬生生成了我人生里的一块块暗礁。

因为不懂人情世故，白白浪费了那几年的青春，一无所获。

因为不懂得察言观色，打拼几年，没有交到一个忠心的朋友，依然孑然一身。

因为不懂得进退自如，与机遇一次又一次的擦肩而过，依旧颠沛流离。

[ 圆滑处世，初衷只是为了更好的保护自己。]

生活中，我们有自己的原则和底线，不愿轻易为了别人的观点而妥协时，针锋相对，坚持自己的立场，争得面红耳赤。别人一笑而过，不再与你辩驳，继续和他人谈笑风生，留你在原地一副灰头土脸的样子，就连自己都觉得有那么几分尴尬。

也许，你赢了那次的争论，可是，你从此在朋友和同事的心里给自己贴上了一个标签：争强好胜。

从此之后，你总能听到背后有人议论你。亦或者，经常看到那些表面对你友善的人，实际上却防着你。甚至，还有一些人，会排挤你，或者冷漠待你。

你之所以绝望，是因为你觉得这个世界上，没有一个真心待你的人，之所以绝望，是因为你觉得这个世界太虚情假意了。

大约是在我二十三岁那年，我才懂得，或许我无法改变环境，可以尝试改变自己。

我开始佩服那些左右逢源，佩服那些与周围的人轻而易举就能打成一片的人，我更欣赏那些因为会说话，而得到老板赏识，交到良师益友的人。

我开始学会保护自己，学会处理人情世故，学会圆滑处世。


[ 自嘲，就是人际关系中的润滑剂。]


我们经常在生活中会遇到两大类人，一类是自嘲，一类是喜欢开玩笑嘲笑他人的人。他们都十分幽默，人缘关系一般都不会太差，但唯一不同的是前者往往交到的朋友更真诚。

自嘲是一种幽默方式，是人际关系中的润滑剂。

我有个朋友，从小到大学习成绩特别好，一路考研读博。一直都是学校的骄傲，更是我们羡慕的对象，后来他进入社会后，事业十分不顺利，也没有什么朋友，总是显得格格不入。

他说：我真的不愿意低头取悦别人，不愿意见风使舵，不愿意趋炎附势……

对，我也不愿意放低自己的姿态取悦别人，不喜欢降低自己的尊严讨好别人。

但是，圆滑处世，并不等于趋炎附势，不等于见风使舵，不等于低头取悦别人。真正的圆滑处世，是让自己懂得察言观色，懂得换位思考，懂得宽容和感恩。

很多时候，那些喜欢自嘲的人，往往是为了更好的得到别人的肯定。他嘴上自嘲，但别人却记住的是他的平易近人，记住的是他的幽默和友善。

没有谁，不愿意和这样的人做朋友。

很多成功的人，往往是遇到了志同道合的人，一起打拼事业。想要遇到志同道合的人，首先你得有朋友。

而自嘲，是让你真正变得幽默，并且学会以退为进和别人相处。喜欢自嘲的人，一般人缘都不会太差。

[ 嘴上会说的人，不一定就真的懂得人情世故。 ]

在几年前，朋友公司招了一个文案总监，暂且我们称他为小范。小范长得瘦小，但他却有一张能说会道的嘴。

和他说上两句话，准会惹得你捧腹大笑。他最喜欢赞美别人，能把女人夸成一朵花，把男人夸成英雄，把老板夸得心花怒放。无疑，听朋友说，他才到公司第一天，就凸显了他的人缘，跟公司的人很快就打成了一片。

但是，才两个月，朋友的公司就出事了。原来，小范在工作上出现了严重的漏洞，导致公司需要赔偿几十万。后来才知道，小范平时嘴上能说会道，喜欢夸别人，但是他的小组成员，却没有一个真心对他的，个个对他都是阳奉阴违。

原来，小范虽然嘴上会说，但是他并不知道，他平时说的话过于花言巧语，导致别人听了后虚飘飘的，总让人感觉有几分虚情假意。自然而然，同事朋友也会将虚情假意这个标签贴在小范的身上。

同时，小范虽然嘴上能说会道，有一定的管理能力，但是他的执行力却很差。也许，他口才好，就是他想利用这种方式在工作中走捷径吧。

有时，过度的热情，就等于刻意的讨好。看上去，少了七分真诚。

嘴上会说的人，不一定就真的懂得圆滑处世。圆滑处世，是打从心底，去欣赏对方，欣赏你的对手，并且向他们学习。懂得合理利用赞美，但不浮夸。

[ 真正能左右逢源的人，一定外柔内刚，外圆内方。]

那些真正能左右逢源的人，懂得看透但不说透，懂得表明观点但谦让他人，懂得点到即止，懂得用幽默的语言深得人心，懂得给别人留一分情面，懂得站在别人位置上替别人着想。外柔，如流水，内刚，有原则，有底线。

这样的人，往往让人觉得很有趣，很有意思。

别让自己不懂人情世故，而害了自己一辈子。别让自己不懂得圆滑，而失去机遇和朋友。

从今天开始，放下自己的固执己见，放下那一份的倔强，让自己变得有趣，变得柔和。

适当的改变自己，才能改变生活。

让自己变得有趣，是 种修行。

你越有趣，你的朋友越喜欢你。你越真诚，你的朋友就越容易付出真心。

懂得人情世故，懂得圆滑，才能与自己握手言和。

人情世故能够帮助我们个人缓和与其他人之间的紧张度，也比较容易让其他人感到与我们交往的愉悦感与建设性。你可以不圆滑，但是你必须得懂一些人情世故，愿你能放下固执己见与这个世界握手言和。

# 让你的情商在在线

"什么是低情商的行为？"答："始终要在言语上胜过别人。""你见过的情商最高的行为是什么？""即使是对最熟悉、最亲切的人，仍然保持尊重和耐心。"智商决定你的下限，情商决定你的上限。你说话让人舒服的程度，能决定你所能抵达的高度。做一个情商高的人，做一个无论是谁和你相处都会感觉舒服的人。

闲暇时与朋友谈论情商，却发现原来情商这玩意儿在众人眼中各有不同。

有人眼里的高情商是谁也不得罪的情况下，把观点说明白；有人眼里的高情商是辩论时绕着弯抖机灵，让对手有苦说不出；还有人觉得，情商就是上可摘星辰，下可卧沟渠，跟什么人都能从容相处。简单归纳总结一下，他们口中的情商无非是圆滑处世论，是面面俱到的虚伪和张弛有度的刻薄。

对此，我持相反的观点，真正的高情商，并非在当下得势，也永远不是技压一筹，而应是不言不语给你全部的自由，让你舒舒服服往前走，却在低头细想的一刹那，悟出化解不开的温柔，是润物细无声。

换句话说，在一个高情商的人面前，不应该存在输家。

红楼梦第三十四回有一个段落，说宝玉差晴雯送帕子给黛玉，黛玉见是旧帕，最初奇怪，思忖一时，忽然大为感动，原著中写道，"林黛玉体贴出手帕子的意思来，不觉神魂驰荡"。

不就是个旧帕子吗，有什么好感动的？黛玉的这一举动引来许多人拆解其中深意，有人认为，旧帕子是用过的贴身物件，宝玉送出视为亲近；也有人认为，宝玉送旧物代表念旧，黛玉是旧人，宝钗是新人，这样一比黛玉自然高兴。

我倒觉得，这个情节并非为了让人揣测宝玉的隐意，更像是在着重描写宝玉的情商。往前翻几回可以知道，这帕子是黛玉曾经送给宝玉的，宝玉不是送帕，是还帕。这就值得玩味了，且不提世人揣测的那几种深意，宝玉这个举动，定然有一层意思是最明白的，就是我还你东西来啦。这中间隐含的信息是，黛玉要是妙人，愿意去思考，这其中的深意自然了然于心，要是黛玉还在生气，就当我什么都没说，只是来还这两方旧帕。

看似轻飘飘一个寻常举动，不明着示弱，也不刻意暗示，但无论你正着想反着想都是对的，这就是高情商的表现。

我们知道，情侣吵架最纠结的不是双方都不肯认输，而是认错的那一方明明白白地告诉对方，我错了。下一秒对方就会开始追问，你怎么错了，你错在哪了？认错的人心想，我都已经服软了，给你台阶下了，你怎么还这么得理不饶人。于是又揭竿而起，继续开撕。

这时候身为当事人就要想想，你给的究竟是下坡的台阶，还是上马的凳子？

按照常理，示弱是寻求和平的一种表现，但你的示弱，不仅不能带来和平，反而会让对方觉得自己占据了话语权，引发更深层的冲突。这是为什么？

原因很简单，谁也不是圣人，在没多余时间反思的情况下，作为辩者，势必要乘胜追击，打压对手，这是人之常情。示弱不难，难得是你的示弱要取得怎样的结果，是仅仅是为了平息这场战争，还是想要从根源消除芥蒂。

所以，遇见这种情况，最好的解决方法不是示弱，而是引导对方自己想明白。恋爱里的对错根本不重要，重要的是芥蒂的源头，如果源头是因为不爱，那没话说，早点放弃为妙。但如果源头是因为太爱而产生的计较，那从这计较入手，一定没错。

你怪他沉迷游戏不陪你，那是因为在他眼里，游戏比恋爱更有趣，或者说更容易获得快感。你嫌她总跟别的男生聊天，那是因为在她心里，虚荣得不到满足，安全感得不到支撑。换言之，你们争吵的重点不是让他删游戏，让她拉黑所有男生，而是在根源上解决，让恋爱变成他最感兴趣的事，让你变成最懂得欣赏她，最能照顾她的人。

当然，这些充其量只能算情商的表皮。所谓的高情商，不仅要有一眼看穿根源的洞察力，也要有洞悉彼此所想，拿捏彼此所愿的巧心。

金庸小说里情商排名前三的人里，定有任盈盈一席之地。说到任大小姐的情商，那些聪明伶俐的女主角们都要靠边站。所有人都知道，令狐冲心里有个小师妹，哪怕后者和小林子结了婚，任盈盈想要在她和令狐冲中间插一刀，也是天大难题。

但任大小姐在根源上想得很清楚，我喜欢令狐冲什么？对，喜欢他浪迹江湖不拘一格的自由豪情。如果把令狐冲留在身边，如果用强势的态度让令狐冲远离小师妹，以圣姑的能力不是无法做到，但，那就不再是一个浪子令狐冲了。所以我喜欢他，就要给他自由。

放飞一只鸟容易，但让鸟归心却很难。少林寺一役，令狐冲为救任盈盈，被迫与岳不群比剑，任我行担心他顾念师门之恩故意相让，叫盈盈出去站队，且看任盈盈是怎么做的？

她轻轻嗯了一声，却不移动脚步。过了片刻，任我行见令狐冲不住后退，更是焦急，又向盈盈道："到前面去。"盈盈仍是不动，连"嗯"的那一声也不答应。她心中在想："我待你如何，你早已知道。你如以我为重，决意救我下山，你自会取胜。你如以师父为重，我便是拉住你衣袖哀哀求告，也是无用。我何必站到你的面前来提醒你？"深觉两情相悦，贵乎自然，倘要自己有所示意之后，令狐冲再为自己打算，那可无味之极了。

在她眼里，喜欢已不是简简单单的占有，而是一种心意相通的默契。如果这种小事还需要自己明明白白的站队，她任大小姐才不稀罕。

在对待令狐冲和小师妹的感情上，任盈盈也依然是高情商的表率。还是少林寺，令狐冲见到小师妹要走，再三相问，失魂落魄，眉目间的感情呼之欲出，全是不舍不忍。试想看，准男友如此失态，要是换了赵敏黄蓉这等伶俐女子遭遇此事，当面讥讽绝不能免，不偷偷设计整蛊一番小师妹已经算万幸了。可任盈盈呢？

令狐冲一惊，这才想起盈盈便在身边，自己对小师妹如此失魂落魄的模样，当然都给她瞧在眼里了，不由得脸上一阵发热。只见盈盈倚在封禅台的一角，似在打盹，心想："只盼她是睡着了才好。"但盈盈如此精细，怎会在这当儿睡着？令狐冲这么想，明知是自己欺骗自己，讪讪地想找几句话来跟她说，却又不知说什么好。

令狐冲知道，任盈盈是在装睡。他也明白，此时恐怕也只有盈盈睡着了，什么都没看到，才是最好的局面。只在这样的局面下，他不必解释，她也不必追问。避免了尴尬，一切仿佛没发生过，但这微不足道的举动，却足以让令狐冲万分感动了。

再到小说接近尾声处，林平之和岳灵珊被青城派追杀，令狐冲牵挂小师妹，想去护送，又顾忌到任盈盈，担心她心里不爽，陷入两难之中。但盈盈什么反应？

盈盈缓缓将头倚了过去，靠在他肩头上，说道："你我之间，又怎会生什么嫌隙？事不宜迟，咱们就追赶前去，不要为了避什么嫌疑，致使终生之恨。"

话说出口很容易，但她难道就真不怕小师妹回头爱上大师哥吗？当然会怕，但她知道，挡是挡不住的，这情结一定要令狐冲自己解开，否则小师妹就算死了，也将永远是他心头一颗朱砂痣。

果然，听了此言，令狐冲已经被套的死死的，心里全是感激。"她为了我，什么都肯做。她明知我牵记小师妹，便和我同去保护。这等红颜知己，令狐冲不知是前生几世修来？"

写到这里细想了想，整部笑傲江湖，任盈盈满满的都是高情商，按理说令狐冲的情商也不低，但在这种女子面前，恐怕一百个令狐冲也能被轻易拿下吧。

接下来，来谈谈人们的情商为何会低。

我觉得情商低的首要原因是目光短浅。在低情商的人眼中，只有很少事物是重要的，考高分，拿名次，谈薪水，论成败，单恋三十年……他们的硬盘里无法容纳更多，从这个角度出发，专注是他们与生俱来的先天缺陷。

因为过分的专注，导致视野狭隘。与之辩论，尤其喜欢揪住一个痛点不放；与之恋爱，尤其热衷一件小事的因果；与之生活，尤其沉浸在自我的感觉中，忽略掉别人的感受。

写到这里，也许你想问，高情商的人如何与低情商的人相处呢？

我的答案是，能躲多远躲多远，不能躲就运起六字真经，不听不看不说。

切莫陷入情商高就是"五湖四海皆兄弟"的误区，情商高低与"交际是否广泛"、"能不能与所有人周旋"其实没多大关系，他们与投机的人灵心慧性聪颖狡黠，千百种色艺俱施展，与相悖的人静观默察寡言少语，一般面孔里朝外。你嫌他木讷卑微，他早觉得你是二逼了。

打着真性情的旗号，去做一些不顾别人感受的事，其实只是没教养且情商低。情商，不是八面玲珑的圆滑，而是德行具足后的虚心、包容、自信和格局。所谓的情商高，并非处事圆滑，而是懂得换位思考，并时时顾及他人的感受。

# 尊重他人是最基本的修养

看别人不顺眼，是自己修养不够。人愤怒的那一个瞬间，智商是零，过一分钟后恢复正常。人的优雅关键在于控制自己的情绪，用嘴伤害人，是最愚蠢的一种行为。我们的不自由，通常是因为来自内心的不良情绪左右了我们。一个能控制住不良情绪的人，比一个能拿下一座城池的人都要强大。

紫荆小姐打电话来的时候正是半夜，电话那头隐约的啜泣配着窗外淅沥的雨，简直有种午夜凶铃的即视感。

她在电话那头哽咽地逻辑混乱"我难道就这么丑吗？他连下车见我一面都不愿意。我要出家不想再见人了。"

我劝慰她许久，才听到了她完整的故事经历。

热心的公司大姐介绍了个相亲对象给她，她本来是拒绝的却抵不过大姐的软磨硬泡和含沙射影"人家小伙子可优秀了，你可要把握机会，女人啊最好看的不过就是那几年，你过了这个年龄，想再遇到这么优秀的人可就难了。"

秉持着对大姐的一贯敷衍和对她口中"特优单身男青年"的一丝好奇，紫荆小姐最终还是没有拉的下脸拒绝，在大姐殷勤的张罗下很快两人决定了见面的时间地点，而那位大姐更是好人做到底不顾紫荆小姐的强烈反对提出陪她一起"初面"。

可就在约定时间到了的几分钟里，大姐先是接了个电话，然后面色有点微妙的找个借口走到一旁，没过一会，又挂着更加尴尬的神情对她说，"紫荆啊，要不咱今天也别等了，姐请你喝咖啡去。"

紫荆小姐丈二和尚摸不着头脑，"他有事来不了了吗？怎么不早说。"

大姐的神情里开始透出一点怜悯和强装出来的不忿："这小伙子，人倒是来了，就刚才停在你旁边的那辆黑车。可能是刚到又发现有其他事儿了吧，让我跟你说一声，他就不下车了。"

只剩下紫荆小姐顿时愣在当场。而大姐连忙安慰她道："这小伙人还是很优秀的，就是有点不体贴，用现在流行的话说叫做高冷，你也别生气我，下次见他一定好好说说他。"

"他有资本骄傲，我就没有吗？凭什么这样羞辱我。"电话里她的声音越来越大，已然从开始的委屈变成了愤怒。

"事后也没有打个电话或发个微信道歉吗？"

"没有！所以我拉黑了他，并且非常严肃的跟那个姐姐说今后永远不要再给我介绍对象了，我宁愿单身一辈子也不想在遇到这样的极品。哪儿来的见鬼的高冷，不过是没教养而已。"

我深为紫荆小姐最后一句精辟的总结叫好。

另外一个身边的故事，是朋友公司新来的实习生，看上去聪明伶俐的一个女孩子，平时在办公室也是老师长老师短的称呼，工作麻利又认真，除了平时不大开口说话，一切都十分完美，直到有一次公司组织员工活动，全办公室的人都在等她到了才能发车，朋友连连发微信催她，而这位小朋友不仅姗姗来迟，而且丝毫没有歉意地扭头看了一眼朋友"老师，要不是你一直叫我，我才不来呢，这种活动有什么意思啊，还不如在家看电视呢。"

说罢就"高冷"的拉下帽子挡着脸，自顾自地睡觉去了。

朋友恨得牙痒痒："你不想去不会提前说啊，摆一副眼底无一物的白富美模样，家教都用来吃了吗？"

后来试用期一到，朋友几乎没有犹豫就决定炒掉她"工作上她什么不会，我都可以教，可你说这么大孩子了，教养这种东西不能也要靠我吧。这样的人总是要多碰碰壁，才能学会基本的礼貌。"

这是个霸道总裁和高冷女神垄断所有少男少女心的时代，不管一个男人/女人对着其他人有多蛮不讲理有多冷漠无情，只要他对自己心爱的人是好的，其余抱怨他/她不好的人就只能是"吃不到葡萄嫌葡萄酸"。

使唤别人帮忙从来不说谢谢，约定好的时间迟到了永远不会抱歉，给别人造成了困扰觉得理直气壮，对着一切人一切事都是一副"我不想解释你也不配听"的"高冷"脸。

别傻了，这才不是高冷呢，不过是没修养罢了。

真正的高冷，是温和谦逊下的疏离淡然，千帆阅尽之后的宽广包容，是知道天有多高地有多厚之后怀着敬畏与感恩。即便不会打诨逗乐，也会让人觉得如沐春风，不炙热也不冰凉，跟所有的人保持适当疏远的距离，喜欢孤单，也能够很好地与人相处。

不会聊些家长里短的是非八卦，也不会整天把一些玄乎其玄的"赫尔博斯"、"融资"、"马拉巴黑胡椒"挂在嘴边。不会跟你勾肩搭背，也绝不会让你尴尬到无地自处。不会殷勤到为你买姨妈巾，也绝不会忘记每次就座的时候帮你拉开椅子。

不会炫耀也不会自卑，不会谄媚奉承也不会肆意践踏别人的自尊。

对每个人赋予平等的尊重，不失掉作为一个人最起码的礼貌，这才是最基本的修养和素质。

至于那些自认为"高冷"且乐在其中的人，就让他把梦一直做下去吧。

且等时光年年过，看他高冷坑死谁。

当你看清了一个人而不揭穿，你就懂得了原谅的意义；讨厌一个人而不翻脸，你就懂得了至极的尊重。没人会把我们变得越来越好，时间也只是陪衬。支撑我们变得越来越好的是我们自己不断进阶的才华，修养，品行以及不断的反思和修正。

# 有时候决定你成功的只是一个小细节

　　成熟的人，只留经验教训，不问过去成败，只添阅历不添堵；智慧的人，现在努力却不求必出结果，过于追求结果容易偏离了应有的过程；豁达的人，不看将来，成就如何不会放在心上，只管做好每个细节。但这三者兼备的人却容易被生活青睐，给他们最好的过去现在和将来。花些精力修身自己养心，只需注意自己的脾气、端正自己的品格、净化自己的思想、充实自己的内在，无形之中你的谈吐、态度、举止都会烙印上一股清新高贵的标签！

　　你不经意的一个行为，也许你以为别人看不到，其实有人已经默默给你贴上了标签。或许这个标签很快随风而去；或许，这个标签，代表了他眼中你的全部。

[ 1 ]

　　朋友小M给我讲过他的一个经历：三年前他刚工作，家里急需用钱。他找当时的部门领导，领导只是简单问了几句，直接从个人账户转给小M十万。一年之后，小M把之前借的钱还了。

　　还钱的时候，领导问他："知道为什么愿意把钱借给你吗？"

要知道那时候的小M，刚入职三个月，是基层职员。领导说："我有个女儿，她贴在卧室墙上的照片里有你。"

原来领导的女儿在大学期间，也去特殊教育幼儿园做过几次义工。当时读书的小M是那个义工小分队的领队。小M每周组织活动，其他队员可以根据自己的时间不定期参加活动，小M每周都去。领导的女儿去过五次，五张义工合影的照片上，都有小M。

领导说小M刚入职一周之后他就发现了，也跟在国外读书的女儿确认过，当时的领队就是小M。领导认为这个年轻人做了两年义工，更没有向任何人"炫耀"，踏实又善良，人品和前途都不会差。

## [ 2 ]

听小M说完，我想起一件事。大学期间我在西安博物院做义务讲解员的时候，接待了几个从北京过来的游客。

当时我只负责讲解两个展厅，带一批游客一般需要三十到四十分钟。那天带他们出来，两个小时都过去了。他们的问题很多，在每一件展品前面都要停留。

展厅出来之后，引导他们在休息区休息，我也坐下来聊了几句。他们一直夸我讲的细致又有耐心，虽然是义务讲解，比专业讲解员还尽职。

知道我学的建筑设计之后，其中一位先生给了我一张名片："毕业之后如果来北京，到公司找我。"某建筑设计公司的设计总监。

那时我大三，还没有想过毕业之后的事情。后来搬宿舍，那张名片也丢了，当然我也没有去北京。当时确实是在无意之间，为自己争取了一个机会。

[ 3 ]

同学面试一家地产公司，和HR相谈甚欢。虽然说着让朋友回去等通知，已经明确暗示他被录用了。

临走时，HR说："有时候跟一个人喝一杯茶，就知道是不是想要找的人。你所做的每一件事，每一个动作，每一个眼神，都是你的名片。"

这位HR说得一点都不夸张，一个人是谁，并不是他的简历和名片上写了什么，而是他的所作所为。一些或大或小的事，也许不能代表一个人的品行和修养，但是在旁观者眼中，你所做的每一件事，都有可能代表你这个人。

还记得之前广为流传的《寒门再难出贵子》中，一个实习的男孩因为把两盒会议用烟装进了自己的口袋被领导看见，领导否定了这个人。

之前单位一个很注重细节的教授级高工，他在学校面试研究生时，有一个学生穿着太邋遢，直接对他说："既然你不重视这次面试，我们也不需要重视。不用面试了，你出去吧。"

这两件事仅因为细节否定一个人的行为，也许有不恰当之处。但是做得更不恰当的，是那两个男孩。这样与机会失之交臂，是领导太苛刻，也是他们用行为，亲手给自己的名片上画了一个大大的"否"。

[ 4 ]

不管是在职场，还是在生活中，每个人都会用自己的观察来判断一个人。

不知道别人怎么想，反正我觉得：

一个穿着整洁，认真热情的快递员，做什么工作都不会太差；

一个能把最简单的工作耐心做好的实习生，交给他的事情我就可以多一份安心；

一个对待陌生人都客气礼貌的女孩，性格一定不会差到哪儿。

同样道理，我不相信：

一个在地铁上因为一句话就大吵大闹的两个女孩，有随时控制自己情绪的能力；

一个满脸愁云的人，内心对生活有满满的热情和期待；

一个在小事上谎话连篇的人，跟客户谈合作时能以诚相待。

总之，你所做的每一件事，好的坏的，都是你的名片。

不要低估周围人的判断力，认真地对待生活，和自己正在做的事。也许你以为没人看到的时候，有人已经给你贴上了标签。或许这些标签很快随风而去，或许，这些标签会一直跟着你，决定你的去留。

有人说所谓教养就是细节，你的每一个动作，每一个笑容，都是你的教养。

有人说打败爱情的是细节，你的每一次猜疑，每一次歇斯底里，都是在亲手埋葬你们的感情。

细节可以成就一个人，也可以否定一个人。不要惊讶一个人对你的肯定和信任，都是你自己用认真和努力争取来的。更不要埋怨别人用一件事否定你，只怪你给了别人否定你的机会。

传统文化中，君子讲究"慎独慎行"。做最好的自己，即使没有人看到的时候。你对生活认真，生活一定比任何人都知道的清楚，也一定会馈赠你想要的一切。

所以，出门带上笑脸，说不定谁会爱上你的笑容。就算下楼倒垃圾，也不要让自己邋里邋遢。


学会调整情绪，尽量往好处想，很多人遇到一些事情的时候，就急得像热锅上的蚂蚁，其实只要把握好事情的关键，把每个细节处理得得体就会游刃有余。遇到棘手的事情，冷静点，然后想如何才能把它做好，你越往好处想，心就越开，越往坏处想，心就越窄。要想成为高情商的人其实并不难，只是在日常生活中的每个细节都多为别人考虑一点点就好。

# 请慎用你的人情

人情，可以给你一时的方便，也可能带来意想不到的负担。有时候，欠下人情，就像签了一个没有期限的协议，你时不时就会被要求"帮帮忙"，还无法拒绝。因为一旦拒绝，不仅黄了事情，还伤害关系。背着人情债，有能力也走不快。欠了人情，就像在身上装上了枷锁；人情越重，枷锁越牢，等到你觉得太累，想挣脱的时候，就会遇到进退两难的困境，要么自己的生活继续受到干扰，要么双方撕破脸，面子上过不去，还背上忘恩负义的罪名。

[1]

我大学毕业后的第一份工作离家有点远，公司提供宿舍。女孩子东西多，足足收拾出了两箱衣物和一堆在我妈眼里属于乱七八糟的东西。

这么多东西，自然需要车，那时我家家境普通，没有私家车，我想叫出租车，我妈想也不想地说："叫什么出租车，我去问问隔壁你童源哥哥有没有空，让他送你一下，打的要百来块钱呢，还没赚钱就这么不知道节省。"

小县城里向来秉承人情互助的风俗，我有需要你帮我一把，你有需要我帮你一把，大家一贯信奉远亲不如近邻的原则，总觉得这样住着才有安全感，如果有哪一家不是这样做的，便认为对方为人孤僻、不合群。

所以，我妈有着这样的想法，一点也不奇怪，但我生来似乎就和小县城格格不入，我不喜欢麻烦别人。所以，不顾我妈反对，坚持叫了一辆出租车，把这些家当搬到了公司宿舍。我妈念叨了我一路，认为我的性格太孤僻，不懂得利用各种资源，简直就是一傻缺。

我默默不吭声，知道三观不同，无法强求。

我妈继续奉行着她相互麻烦的生活理念，我则坚持着独善其身的原则，倒也相安无事。

几年后，家里买了车，别人也会来麻烦一下她，她性格和我不一样，从不觉得这是一种麻烦，认为别人来找你帮忙，那是看得起你，是跟你关系好，她乐意，我自然不会说什么，反正她觉得舒服就好。

但是，就在前几天，她打电话给我，无比委屈，夹杂着气愤。

大概在一个星期前，隔壁童叔叔家的孙子晚上突然呕吐发烧，他们的儿子媳妇都不在家，打电话给我妈，希望能送他们去一下医院。我妈二话不说，连忙叫起来我爸，把童叔叔家的儿子送到医院。

这本来是一件好事，就算是陌生人，遇到这样的事，出于人道主义精神，也应该帮忙一下。但中间发生了一个插曲，孩子在医院挂完水已经晚上两点多了，一行人又困又累，开车回来时，路上有一块石头没有看到，就这么开了过去，车子就剧烈颠簸了一下，孩子的头撞到了旁边的玻璃窗上，立刻哇哇大哭，孩子的爷爷奶奶心疼得要死，我父母也觉得很不好意思，但因为纯粹义务帮忙，又不是故意的，当时都说没事没事，以为就这样过去了。

但是前两天，我妈无意中听到童叔叔一家对别人说：孩子头上撞了好大一个包，看着就心疼，唉，早知道当时就应该叫出租车，某某开车太不小心了，以后还是算了。

我妈在电话里激动地说："我们是故意的吗？大半夜的不睡觉送他们去

医院还落埋怨，我招谁惹谁了啊？没有功劳也有苦劳啊！认识这么多年，第一次发现他们这么不讲道理，以后别来往了。"

这事在彼此心里有了芥蒂，两家的关系大不如前，估计也很难再恢复，这样的事在小县城里从不鲜见。

## [ 2 ]

从小这些事见多了，让我学会了如何规避这种人情往来中的风险，也让我明白：欠什么，都不要欠人情。因为欠任何东西，你都可以等价偿还，唯有人情，一旦欠下，很可能终身都还不清。

我有位同学结婚买房，以他的能力付个首付没有问题，但按揭需要付二十几万利息，他想来想去很肉疼这些利息，就决定向家族里的亲戚朋友借钱，全款买下房子，这样就不用支付利息了。

确实，亲戚朋友都没有问他要利息，此举省下了20多万利息。

几年后，他开始做生意，做得风生水起，很快积累了不菲的身家。然而，麻烦也随之而来，曾经借钱给他的亲戚们，一旦有事，第一个想到的就是他。他有自知之明，知道自己曾经受过恩惠，理当回报，对于亲戚们的要求，也尽量满足。

但是，没过多久，他就觉得吃不消了，亲戚太多，不是今天这个有需要，就是明天那个有需要，老婆的脸色越来越难看，他有苦说不出，一旦拒绝，就是忘恩负义，整个家族的唾沫就够他受的。更令他悔不当初的是，有些亲戚倒不找他借钱，而是要求他办事，不是为这个表弟找份工作，就是给那个表妹介绍个去处，于是，他欠下了更多人情。

老婆埋怨他："当初自己按揭好好的，你非得去找人借钱，这下好了吧，我们搭进去的钱和人情，都快上百万了，而且，还看不到头，看他们的架势，要么我们落魄，要么我们死了，否则就没完没了了。"

他无言以对，暗自悔恨。同学聚会时，他无比沉痛地对我们说："这世上最傻逼的一种行为就是，明明自己花钱可以解决的事，偏要去找亲戚朋友，然后一辈子都还不清。"

[ 3 ]

生活中很多人做事都喜欢找人帮忙。要搬家了，明明有专业的搬家公司，还是习惯去找那些亲戚朋友帮忙，只为省下那点搬家费；要去哪里，明明一辆出租车就可以搞定，非得让谁接谁送，只为省下那点路费；要买房子，明明银行大门永远开着，还是习惯找别人去借，只为省下那点利息。

很多人都喜欢"免费"的东西，一听说要花钱，就心疼肉疼，总想着不花钱就把事给办了。其实，从本质上而言，这就是一种贪小便宜心理，众所周知，吃大亏的，往往就是贪小便宜的人。

你所占到的便宜，会在未来让你失去更多，你所有得到的东西，都需要你付出相应的代价，而钱实际上是最小的代价。

我妈曾经好多次跟我说，叫我别请阿姨，反正她没事做来给我打扫就可以了，而且她不要一分钱，我很坚决地拒绝了，我宁愿每个月多花几千块钱，也不愿意我妈来照顾我。

阿姨虽然每个月要付工资，但我们是雇佣关系，我提出要求，她完成工作，她尊重我的生活和自由，我尊重她的人格和劳动，无论是我还是先生，我们心里都很坦然。

但我妈过来，表面上看我是省下了几千块钱，但事实上我要付出的东西更多。

这个世界上，没有任何人是光履行义务，不享受权利的，当我妈无偿为我提供服务时，她就有了资本对我的生活进行干涉，并且因为她不收钱，无论她干得好不好，我都要心怀感激而不能有任何挑剔，否则就是不孝，而我和阿姨之间，绝对不会涉及孝不孝这种问题，她也不会来干涉我任何决定。

当一件事可以用钱解决时，用钱解决就是最好的选择。从另一角度而言，用钱解决更快捷、更专业、更有保障，更无后顾之忧。

[ 4 ]

几年前，我碰到一位读者求助，她说失恋后感觉有忧郁症了，让我帮帮她，我知道忧郁症，但对这个病并不十分了解，于是我提议介绍一位专业的心理医生给她，但她一听咨询一小时要150块钱，立刻很不高兴。

在她的观念里，明明向我咨询不需要花钱，现在居然要花150一小时付费咨询，这个钱花得太冤枉了。

但事实上，这一领域根本不是我擅长，即使我愿意提供无偿咨询，我的咨询估计和专业的心理医生是无法比的，无论是耐心、专业性都会打折很多，甚至会延误她的病情，这是得不偿失的事。

一个希望生活得轻松简单的人，必须树立有偿消费的观念。

诚然，在过去的社会里，很多服务不甚完善，经济状况不佳，我们会更需要相互帮忙，但是时代在进步，社会体系在日益完善，很多事情都已细分出专业的领域，每个领域都有专业的人将它做到极致，我们无须再像过去那样处处找人帮忙。

在自我意识日渐苏醒的时代，我们首先应该学会自己解决，当遇到实在无法解决的事再去找人帮忙，我相信别人会更愿意伸出援手。

所以，当务之急，你只需要做一件事：那就是好好赚钱！

在用人情时，把事情变得简便，把价值最大化。可是，你也会发现，人情总量，越用越少，越用也越廉价。真正聪明的人，应该明白，能用钱解决的事，尽量不用人情。许多时候，可以用钱妥帖好所有，就不要把人情用尽，欠下的是人情，偿还的可能是让你格外为难的事，人与人之间的情感，是尊重出来的，是欣赏出来的，是实在走投无路时候体现出来的。人情，和钱一样，要用在刀刃上，时时刻刻都在用，就是消耗。

# 做一个在饭桌上也有教养的人

中华的传统美食不仅是一种文化，它更是一种修养。面对饕餮的盛宴，品尝和吃这种简单的行为，就能呈现出多种多样的生活态度，有的人吃相粗野，有的人吃相优雅而细致，有的人只顾自己吃独食，有的人却喜好分享，有的人不顾礼节，有的人处处周全……

[ 1 ]

我对吃有种很顽固的信念，觉得这种人类最本能的行为，也包含着深刻的智慧。

读书的时候，一个炎热无风的夏天，班里几个女生一起买了半个西瓜解暑。坐在寝室里，几个人浑身汗涔涔，拿着勺子互相推让，"你吃吧"，"你先吃吧"……于是我们几个女生客气地绕开西瓜中间的部分，贴着西瓜皮挖着发白的果肉。

这时一个女生一边从西瓜正中间挖去一大块，一边和我们这些彼此推让的女生说，"你们都傻，其实西瓜中间最甜！"我看着那副得意扬扬的样子，从此对她再无好感。

后来上班，每天午餐和一些同事坐在一起吃饭，经常交换食物，谁带了新口味的饼干，谁做的炒饭带多了，大家都愿意互相分享。一位护食的男同事每次把自己的饭吃得飞快，然后眼睛紧紧盯着别人的筷子，口水都要掉进我们的饭盒里，还要假惺惺地问上一句，"你这个饭一定特别好吃吧？"每到这时就会有人不情愿地把食物分给他。

有一次我早上准备匆忙，只把前一晚剩下的一小点晚饭带做午餐，其中有两块小小的烤土豆，男同事的眼睛掉进我的饭碗里，最后忍不住说，"给我一块行吗？我就是想尝尝味道。"

我把土豆全部给了他，整个午后饥肠辘辘，后来听他和别人吹牛，自己每个月都要买一件阿玛尼的衣服，从此再没有交集。

有一次和一群朋友去旅行，同行一个男生的女朋友总是嚷嚷饿，对吃饭比旅行更有兴致，每到一个目的地，先挑自己喜欢的餐馆，把点菜权霸占在自己手里，点超过自己胃口很多倍的饭菜。吃饭期间，不是"这个面做得太咸"，就是"没有家里做得好吃"，胃口不对的东西，向前一推，不再吃一口，像个任性的小朋友。

后来我们结束旅行的那一天，以火锅作为告别餐，席间姑娘把酱料洒得到处都是，霸着一盘鸡翅把细碎的小骨头吐了半张桌子，学生模样的服务生来收拾桌子的时候，姑娘正兴高采烈地忙着和别人讲笑话，她的男朋友也笑得正欢，我拿卫生纸把鸡骨头扫进盘子里递给服务生，心里却泛起一阵恶心。

[ 2 ]

我是一个特别爱吃的人，很多记忆中的好时光都在餐桌上度过，小时候热爱妈包的韭菜盒子，炖的酸菜粉条，爸做的锅包肉，炸酱面，就连平常的白菜炖豆腐也能让我吃进满满两碗白米饭。

出国之后，更是常常想念家乡的味道，每当看见街头有写着汉字的餐馆招牌，心里和舌尖都涌起一股暖意，我们这个温和的民族，对吃总有一种特别的情怀，那颗粒饱满的东北大米，种类繁多的西北面食，小巧精致的广东早茶……都是文化里最精髓的部分。

我一直在意吃的内容，却渐渐发现，吃不仅是一种文化，更可以成为一种修养。餐桌上，吃这种简单的行为，呈现着多种态度，有些人吃相粗野，有些人吃饭优雅，有些人吃独食，有些人喜分享，有些人不顾礼节，有些人处处周全……

台湾作家林清玄在描写一篇有关食物的文章中说道，"人总是选着自己的喜好，这喜好往往与自己的性格和本质十分接近，所以从一个人的食物可以看出他的人格。"而我觉得，不仅仅是吃的内容，吃的态度，也可以看出一个人的人格，这种人格，就是教养。

我出生在一个普通的家庭，恩格尔系数总是很高，爸妈对我的教育大多和食物有关，特别直白。

记忆中小时候的某一天，妈还在厨房里做最后一道菜，饿极了的我就拿起饭碗自顾自地吃起来，爸严厉地教训我，"放下碗，你妈还没上桌呢。"自此和别人吃饭，都要等到饭菜全部上桌，每个人都坐到餐桌边，才肯动筷。

有一年过春节的时候，我和爸妈去奶奶家，我看着摆在桌子上的糖果和零食，贪婪地不停塞进嘴里，妈凑到我跟前，非常严肃地说，"不要像什么都没吃过一样。"自此知道，不管走到哪里，在谁的面前吃东西，都要吃得适度，吃得体面。

中学时朋友来家里做客，妈做好晚餐，席间我吃得酣畅，朋友却不好意思动筷，妈一边告诉朋友"就当这是自己家"，一边在餐桌上对我说，"快给你朋友多夹点吃的。"自此有了习惯，招待客人的时候，餐桌上要照顾到每个人的感受，尽力做到周全。

长辈庆生的时候，爸妈在旁边提醒我，"要先给长辈夹菜"；爸妈和朋友聚餐，餐桌上不忘教育我，"不要把盘子里的最后一块肉夹到自己碗里"……这些有关吃的朴实道理，让之后的我不管走多远，都一直记在了心里。

[ 3 ]

那个时候，我和一起租房的小姑娘私交甚好，她还没经历过恋爱的滋味，一直在纠结要不要和一个追求她很久的小伙子出去约会。她一双清澈的眼睛眨巴眨巴，问我，"怎么才能知道他是不是个好人呀？"

我条件反射地说："这还不简单？我在餐馆干了那么久，最好的方法就是和他吃顿饭呗。但凡那些能够在餐桌上帮你拉椅子，能照顾你的胃口，不厌其烦地问你'有没有忌口的食物？'也能够在吃过之后把桌面稍微清理一下的，这样的男生我不相信他能坏到哪里去。但那种吃饭专挑自己喜欢的，不管不顾你感受的，把桌子搞得像灾难现场似的，就别想了，能把一顿饭吃糟的，大概自己也好不到哪里去。"

后来姑娘去和小伙子约会，回来时垂头丧气，不用问也知道进展并不顺利。她递给我两个热气腾腾的打包盒，对我说，"姐，还没吃饭吧，我给你打包了个炒饭和酸辣汤。"

我们遇见不同的人，和他们一起吃饭，在不同的言谈举止间，学会一些规矩，也渐渐总结出这样的道理：

吃饭的时候，凡是要第一个抢着夹菜，夹最大块排骨的人，八成生活里也是自私的；那些在你吃东西时一定要借着光尝一尝的人，大概生活中也常常占着别人的小便宜；而那些肯为你先盛一碗汤，把鱼肚子最厚实的那块肉夹给你，不铺张不浪费不过分挑剔食物的人，他们不一定是你最亲近的人，但一定是正直的、善良的、可以值得信赖的人。

我始终相信，一个在吃上讲求道德的人，骨子里一定也有个高尚的灵魂，因为吃是一件非常严肃的事，严肃到，很多时候它在不经意间，就毫不留情地显示了你的教养。

情商，从某种程度上来讲，就是教养。教养，就是要让自己舒服，也不给别人添堵。在干净的环境里你不好意思乱丢垃圾；在安静的博物馆你不敢高声喧哗；在有序的队伍中你不好意思插队；在清洁的房间，你不会旁若无人的点燃香烟。而是在乎别人，理解别人，关爱别人，善待自己，善待他人。

# 世故并非圆滑

一个人不管有多聪明，多能干，背景条件有多好，如果不懂得如何做人、做事，那么他最终的结局肯定是失败。很多人之所以一辈子都碌碌无为，是因为他活了一辈子都没有弄明白该怎样去做人做事。我们生活在一个现实的社会。一些人和事，你无法改变的时候，就需要改变自己，努力让自己适应这个社会。如果不想处处碰壁，你就必须懂得一些人情世故，掌握一些交际礼仪和沟通技巧，适时宜地"来事"，灵活地处世。

生活中，总有这样一些人，似乎他们存在的意义就是凸显你的不合群。当某一件事情触犯了你所坚守的原则底线或是道德认知时，你坚定地表明自己的立场并表现出强烈的情绪反应。但他却能云淡风轻一笑而过，或敷衍附和，或笑而不语。

最后的结果是你灰头土脸，他却左右逢源。这些就是所谓深谙圆滑之道的"高情商"人士。而这类人似乎总能得到周围人的认可与肯定，且在许多人的认知里，圆滑更是早已成了人际交往里的万金油。

其实人生在世，我们总是在深情一部分人的同时，又会伤害一部分人，这是很自然、也不可避免的结果。如果太过于刻意在博弈的双方之间维持一种平衡，讲究所谓的圆滑，难免就成了一种阳奉阴违。

在愚钝的人面前表演，或许可以左右逢源，尽享利好。可落在聪明人眼里，其实就成了一种多余的狡黠。平时在一些无关紧要的事情上，客套寒暄自然甚欢，可若真到了关键时刻，博弈的双方立马都会敬而远之。

曾经有一位同事，在公司里是出了名的老好人，见人说人话，遇鬼搭鬼腔，平时总给人一种混得很开的假象。可一遇到进行一些重要决策，或者项目分组的时候，大家却总是有意无意地排斥他。后来我与一位关系非常要好的同事谈起，他一语道破其中原因：因为大家都有所提防。

确实如此，一个人如果立场模糊，原则性也不强，旁人对他自然就有些敬而远之。在进行一些团队合作时，大家都必须同心同德，谁都不愿意团队里有让人捉摸不透的存在。而如果是进行一些竞争性或者保密性极强的重要项目，那么对此类人有所提防更是在所难免。

现在越来越多的人喜欢将圆滑与情商挂钩，其实这更多的只是一种不知羞耻的粉饰，扯开情商那一层明亮的遮羞布，圆滑其实就是一种自私的表现，从道德与品行上来说，也是极不可取。

即便抛开道德因素不谈，圆滑也只是一种乱中求存的技能，但绝不是长久的处世之道。历史更是不止一次地告诉我们，一旦尘埃落定，墙头草通常就会成为第一个肃清的对象。那么，有原则有立场，是否就是正确的处世之道？似乎也不对。

曾有人问我：不愿意圆滑，是不是情商低的表现？我思考了很久，却迟迟不知该如何回答。主观上来说，我很想给他一个否定的答复。但结合自身的情况，又总觉得有一些误导。后来我把这个问题抛到了朋友圈。

绝大部分人都注意到了"不愿意"三个字，虽然表达各有不同，但回复的意思基本一致：不愿意圆滑，而非不懂得圆滑。所以，情商非但不低，而且很高。

部分观点与我内心的想法不谋而合，因为我自己便是一个不愿意圆滑的人，自然也不会认为自己情商低。但我也绝不敢说不愿意圆滑就是情商高，因为我非但没有因此而在生活中获得某些便利，相反，我时常会因为过于原则而陷入一些本与自身无关的漩涡里，得罪人的事情更是没少干。

所以，这些答案似乎没有任何意义。直到后来，大学时候的一位老师回复了我。不愿圆滑是没错，但同时也必须懂得世故。他给我讲了这样一个故事。

当年读博的时候，导师给他和另一个同学各分配了几个研究生，做两种不同假设的项目对比。最后两组都很好地完成了任务。

可当以后再次进行项目分组报名的时候，师弟师妹们都希望分配到另一位师兄那里，这让老师在内心觉得很受伤，也很疑惑。后来经一位师弟明言暗示，老师这才恍然大悟。

项目中总会有许多细节问题，如果一一顾及，就会极大增加项目的工程量。有些师弟师妹为了偷懒，通常会走一些捷径，利用项目的容许差错范围取巧。一般来说，只要负责人能够圆滑地处理，睁一眼闭一眼，对于交差是绝对没有问题，导师也不会真去仔细核查。

可这是导师坚决反对的，也是行业内的大忌。老师原则性与执行力都很强，那些行为自然都遭到他的严厉斥责，女生被骂哭的情况也是屡见不鲜。所以难免给人苛刻之感。

而另外一位负责人，对待项目虽然也很严厉，但与老师不同，他在其他时候会将那些矛盾主动疏导，比如请他们吃夜宵；送女生们一些小东西；和他们开一些无伤大雅的玩笑……

这就是根源所在。两人在对待原则问题时立场都很坚定，处理问题也不敷衍，不圆滑。但不同的是，另一位负责人还懂得人情世故，在原则与世故之间有了一个微妙的平衡。

从某种意义上来说，不圆滑是一种坚守原则、不屈从于外界的自我捍卫，也可简单理解为仅是不愿委屈自己的感受。而过于注重自身感受，其实与过于在意别人看法一样，都是一种心理上的褊狭。

一个心灵边界宽广的人，在满足自身感受的前提下，绝对也懂得去照顾他人的情绪，将原则与和善巧妙地糅合在生活里。

古人讲究外圆内方，意思就是做人要像钱币一样，外表圆润，但内心方正。更通俗点来说就是凡事都应讲究与人为善，精通世故，但更要有自己的立场与原则，心中自存尺度。

黄炎培就曾写信勉励儿子："和若春风，肃若秋霜；取象于钱，外圆内方。"其实就是倡导一种世故而不圆滑的处世之道。外表圆润懂世故，内心方正不圆滑。

前者使得自己在熙熙攘攘的人群里进退有度，不因死板而显得毫无生趣，更不因棱角过于锋利而四处树敌；而后者则让自己在鱼龙混杂的社会中不摒弃初心，不曲意迎合，心存善念，恪守原则。

在表浅距离越来越近，实质却愈发疏离的群居时代，许多人开始在生活中不知所措。其实生活从来就不是非黑即白的二元论，懂世故与不圆滑两者不能混淆一谈，但却可以保持一种进退有度的微妙平衡。

做一个世故而不圆滑的聪慧之人，这也是一场伴随人生的漫长修行。


情商，不是八面玲珑的圆滑，而是德行具足后的虚心、包容、自信和格局。成熟，不是由单纯到复杂的世故，而是由复杂回归简单的超然。成功，不是追求别人眼中的最好，而是把自己能做的事情做得最好。

# 不是每一场争论都要参与

对你抱有偏见的人，不见得多坏，只是你们彼此的生活不同。如果你是正确的，不要过多地争辩，把对方逼上绝路，也就断了自己的退路；不再浪费口舌去争辩，因为太多事情解释不来。弱小的人，才喜欢去跟人争辩是非对错。强大的人，根本不在乎人家说什么。

傍晚，我在小区的花园里散步，一位热心的大妈跟我聊天，得知我还没有孩子，立刻拉着我的手说："闺女啊，跟大妈说实话，是不是身体有问题，大妈认识一位老中医，可厉害了，我媳妇就是吃了他的偏方才给我生下一个大胖孙子的，我回去找找那方子还在不在，你等着啊！"说着，她就要回家给我找方子去了。

我连忙表示自己身体很健康，只是还没有做好要孩子的准备。大妈嗔怪地拍拍我的手："傻闺女，女人这辈子最重要的就是结婚生孩子，而且一定得生个儿子，我们这个小区的人都不穷，男人有钱就容易在外面找，你要是不肯生，他找别人生了你怎么办？听大妈一句劝，给他生个大胖儿子，这样你老来也有依靠，不然以后谁给你养老送终啊！"

虽然我觉得这位大妈的观念很过时，但是看着她紧张的样子，觉得很好玩，故作为难地说："那万一我生的是女儿怎么办呢，他不是还得找外面的人去生吗？"大妈一听，立刻说："这有什么关系？咱们继续生，直到生出儿子为止，闺女啊，你可不能让别人有机可乘啊，大妈看你顺眼，所以才跟你说真心话。"

我笑着谢谢她，表示会把她的话放在心里的，大妈又叮嘱了我一番，才放我离开。回家时阿彦已经下班了，我笑着把大妈的对话跟他说了一遍。阿彦问我为什么不跟大妈辩论一番呢，告诉大妈现在的年轻人想法已经不同了。可我需要这么做吗？我跟她只是萍水相逢，无论她持什么样的观念，都不会对我的实际生活造成影响，最多小区偶遇之时，再听她"奉劝"我几句而已，于我并不是什么了不得的大事。

相反，如果我跟她辩论的话，大妈绝对不会认同我的观念，她会认为我不听老人言，吃亏在眼前，搜肠刮肚找各种例子来说服教育我，如果我不接受，她会觉得我不识好歹，最后两人不欢而散，莫名其妙地生一场气，然后各自坚持自己原先的生活观念。

前不久，我的闺蜜当当组织了一个定制团，邀请我一起参加。十几个人中，有的有孩子，有的没孩子，不知怎么的就聊到了孩子身上，有孩子的认为：孩子多么可爱啊，虽然带孩子的过程很辛苦，可孩子是生命的延续和希望，如果没有孩子，老来孤苦无依，对影成三人，多么凄凉啊！言外之意是：不知道你们这些女人怎么想的，竟然不要孩子，等老了你才知道后悔，但那时候后悔也来不及了，就等着羡慕吧！没孩子的认为：养个孩子多费钱，还要搭进去大把时间，干什么都被吊死了，养个孩子起码苍老五岁，何况养得好还成，万一弄出个败家子，那真是要命了，还谈什么天伦之乐，简直就是死不瞑目，还不知道谁羡慕谁呢？

本来要不要孩子完全是个人选择，喜欢孩子的就去养孩子，不喜欢孩子的就管自己玩，双方谁也不可能碍着谁。但人类的求同本能实在太厉害了，双方都极力向对方证明自己的选择才是正确的，自己的生活才是最好的生活，谁也不肯相让。最后，离吵架也差不多了，如果不是当当及时调停，绝对会闹得不可开交，但之后的行程就分成了三派，有孩子的一派，没孩子的一派，我和当当自成一派，那两派摆明了与对方不是同一路人，路上，当当跟我感慨，下次绝对要和观念相同的人玩，否则就成灭火器了。

当时我也感慨不已，深觉不值，这么坚持对方也没被同化，还生了一路的气，白白浪费了这大好时光，何苦呢？可我们大部分人在生活中不就是这么干的吗？宁愿杀敌一千，自损八百，也要争个高低短长。

经常有姑娘跟我抱怨婆婆简直就是从远古走来的老顽固，观念陈旧得要命，经常跟她争个面红耳赤，问我该怎么办？我一直在想，到底有什么办法可以解决这种矛盾。但分析来分析去，发现最好的办法就是不跟她争辩，她说你就听着，然后继续按照自己的想法生活，时间长了，她知道你不听她的，但是不跟她争辩，她也找不到错处，渐渐地也知道拿你没办法。当然，我也知道要忍受一个人长期试图把她的观念强加给自己是件多么痛苦的事，但这正好让我们知道"己所不欲，勿施于人"。

争辩中没有真正的赢家，即使其中一人口才了得，思辨过人，滔滔不绝，遥遥领先，也只是言语上占了上风，对方该怎样还怎样，甚至更加坚持原来的观点。一个人持什么样的观念跟她周围的环境和自身的经历有着莫大的关系，绝不可能因为别人几句话就改变自己坚持了几十年的观念，那既不现实也不可能。

一个人认同某种观念，也必然受过这种观念的好处。当她感觉到这种观念给自己的生活带来的都是不便，自然而然就会寻找更合适的观念。就像小区的那位大妈，她生活的年代与我不同，也许在她那个时代周围的人都是这么想这么做的，所以她认为秉持这种观念对自己最有利。观念不同，没有对错，甚至不能说谁比谁的更好，只是各人的际遇不同而已。

这几年来，我遇到了很多女性朋友和我探讨婚姻情感问题，但我一直秉持一个原则：无论对方的生活是什么样子，只要她没向我抱怨求助，我都不会随意去评价她的生活，无论她的婚姻有多糟糕，男人有多垃圾，她不肯离开自然有不肯离开的理由，我并非当事人，很多细节并不清楚，既无资格也没必要。除非她需要我的意见，我才会发表我的观点，即便如此，我也时时提醒自己要客观，尽量避开自己的个人好恶。

在讨论过程中，如果对方不接受我的观点，我会及时打住，因为心里很清楚，认同我的人，寥寥数语，早就引我为知己，不认同的人，即使我再滔滔雄辩也无用。争来争去，伤了和气，也达不到目的，只是两败俱伤而已。

以前认识一位女领导，特别喜欢聊工作以外的事，但凡别人有不同意见，必定要说到对方认同为止，很多人迫于她的领导地位，当面几乎没人敢跟她争，但心里大多不服气，这种不服更带到了工作上，大家都相互传递着一种做法：阳奉阴违。前年，这位女领导退休了，她突然发现，竟然没有一个人愿意跟她说话。

观念不同，不必强争，尊重别人的过程正是自身强大的过程，只有内心虚弱的人，才需要别人事事认同自己，而那些内心成熟强大的人，从来不会强求别人认同他。越强大的人，越能包容各种观念，而他的强大正是因为吸取了各种观念的精华，最后浓缩成了自己独有的观念。

而且，观念本无好坏之分，只不过某种观念适合某个时代，某些观念适合某类人而已。能够长久和谐相处下去的人，都是观念接近的人，那些观念不同的人，就是我们人生的点缀，不然这个世界怎么会这么丰富多彩呢？

　　有位木匠砍了一棵树，把它做了三个木桶。一个装粪，就叫粪桶，众人躲着；一个装水，就叫水桶，众人用着；一个装酒，就叫酒桶，众人品着！桶是一样的，因装的东西不同命运也就不同。人生亦如此，有什么样的观念就有什么样的人生，有什么样的想法就有什么样的生活！既然观念都不同，又何必强求生活一样？

# 该说再见了
# 就别再说你好

———— • ————

**2**

你要习惯，任何人的忽冷忽热；

也要看淡，任何人的渐行渐远。

不乱于心，不困于情。

不畏将来，不念过去。

# 该说再见了就别再说你好

所谓成熟，就是：你要习惯，任何人的忽冷忽热；也要看淡，任何人的渐行渐远。不乱于心，不困于情。不畏将来，不念过去。淡然地过着自己的生活，不要轰轰烈烈，只求安安心心。如此，安好。

小雅是我的初中同学，也是那时候最要好的朋友。中学女生什么都爱结伴，连去个厕所都一定要在去之前问一句：要不要一起去？和小雅，就是这样的"同厕之交"了。

说起来我一直挺幸运，从小到大，总能遇见一帮特别好的朋友，当然初中时候，待我最好的还是处处迁就我的小雅。小到挑选哪种口味的薯片，大到周末的出行计划，都由我说了算。印象最深的，是体育课上的800米测试，在我跑完第一圈就落到倒数时，是小雅主动慢下来陪我一起跑，到最后的100米，更是费劲地拖着我、一个劲鼓励我跑完全程。虽然最后两个人是以最慢的成绩跑完的，但我仍然很感动。

如果友情有一个账号，小雅大概将她绝大部分余额都充值给我了。反观那时候的自己，除了成绩好之外，似乎没什么突出的优点，还动不动爱耍小性子，也亏得小雅处处照顾了。

中考之后，我不出意外地升上省重点，小雅去了另一所普通中学。即使相隔两地，我们也并没有断了联系。那时候还很流行通信，薄薄的信封，每次收到都让人惊喜。刚开始，每次读信和回信都无比用心，虽然彼此描述的都是琐碎小事，但也兴趣盎然。然而，随着时间推移，两人生活的交集逐渐减少，能聊的话题也寥寥，而周围的新朋友、丰富的校园活动和日益繁重的功课占据了大部分心力，和小雅的友情不再维系得那么频繁。

回信中，我也会常常鼓励小雅多和班上的同学接触，说不定能交上新的好朋友。小雅却表示始终很难融入周围的环境里：乡镇中学无论是生源还是师资都无法和以前的中学相比，和别人也没什么共同语言。除了安慰，我也爱莫能助，只是隐隐觉得，这样下去对小雅的发展不利。我在成长为和从前不一样的自己，而小雅却似乎还停在原地。

生日那天，小雅特意送来亲手刻的竹制书签；圣诞节，收到小雅精心挑选的贺卡……这样的心意一直保持到高中毕业。收到A大录取通知书的时候，也听到小雅选择复读的消息。

大学里和小雅的联系方式改成了短信和时不时地电话。高四这一年特别辛苦，我除了静静听小雅倾诉，只能不断重复：没关系，总会好起来的，别给自己太大的压力。我才发现，现在和小雅已经没有其他可聊的话题：她的辛苦，我并不能感同身受；我的充实，她同样全然不知。理解，无从谈起。

第二次高考，小雅成绩依旧不太理想，勉强进了本市一所普通院校，还被调剂到不感兴趣的政治系。曾经在毕业后去小雅的学校看她，有些惊讶：初中毕业到现在过去了七年，小雅却一直没有什么变化：有些凌乱的半长发，素净的面容，随性的穿衣风格，和……始终没有瘦下来的微胖体型。小雅感叹：你真的瘦了好多啊，而且也变得淑女多了。我忍不住说：女生还是要适当打扮一下自己，着装和化妆，其实都是基本功，以后进入职场也用得上的。小雅一脸淡然：这些我也知道，但我已经习惯了。我妈也叫我打理下头发，买双高跟鞋什么的，但是我嫌麻烦：反正都习惯了，挺好的。

工作的城市离小雅家里不算远：小雅毕业后一直在备考公务员，结果却总不如人意，索性赋闲在家。接下来的日子里，和小雅的接触越多，我就越清楚地认识到我们的分歧越大：从日常的护肤程序到工作目标的设定，两人根本没办法达成共识。微信上每天会传来小雅固定的询问：姑娘，在吗？在干什么？之类的询问，我叹气，回复：在和男友逛街在和同事聚餐在和朋友唱K在健身房锻炼在图书馆借书……而小雅时不时冒出一句："这两天一直在陪小侄女，小朋友好懂事"；以及"邻居家的狗趴在地上晒太阳，感觉特别悠闲"之类还配上照片，让我接话接得有点尴尬：是吗，挺有意思的，我也这么觉得。

连续一星期加班熬夜，周末本想好好睡一觉，却听到小雅兴冲冲地说要过来，拖着疲惫的身子陪她吃饭逛街，却实在提不起兴致。分别之后回到住处，看到微信上小雅一段长长的感叹，大意是我们的这段友谊似乎只有她一个人在努力，她也会累，为什么会变成这样。看着这种感情真挚却理解不能的独白，我默然。

也曾暗示过，这样每天查岗式的问候很奇怪，回答吧好像是在汇报行程，不回答吧好像又很失礼；现在的我们彼此有不同的生活，一定会有不契合的地方，不必时刻参与到对方节奏中来。小雅很委屈：我没有啊，我只是表达一下关心，而且我也从来没有想过要打扰你的工作生活；只是如果我不主动联系你，那我们不是可能半年都说不上一句话了？

可是啊，姑娘，你有没有想到，真正的朋友，是不必担心这些问题的：即使相隔甚远，即使久未联系，朋友就是朋友，怎么会因为时间空间的距离而改变呢？你会抱怨我会无奈，这样的友谊，未免太勉强。

无意中看到一个帖子，说的是因为生活经历、社会阅历的不同而带来的身份上的差距，使得曾经最好的朋友也会变得陌生。这一点，我深有体会。

我不懂你说的家长里短，你不屑我谈的金融证券；你有你的柴米油盐，我过我的风花雪月：当人生轨迹出现巨大差异，曾经勾肩搭背谈笑风生的好朋友，再相逢也终有可能变得无话可聊，徒增尴尬。

一直觉得各自安好就是最好的珍重，如果有一天我发现自己跟不上别人的脚步了，那么不打扰也是一种温柔。姑娘，我们只陪彼此到这里。愿今后的日子里，你亦能收获满满的欢欣喜悦，而那些你已不必与我分享，因为到那时，自有更懂你的人出现。

生命是一首诗，写满了悲欢离合。如若可以，请许我一段尘埃落定的静美时光，做一朵蒲公英，无牵无挂，无欲无求，风起而行，风静而安。不乱于心，不困于情，不畏将来，不念过往。回不去的旧时光，寻不回的旧人。祝你安好。

# 任何时候都别让自己低入尘埃

日子不是用来将就的，你表现得越卑微，一些幸福的东西就会离你越远。不要动不动就倾其所有，与其卑微到尘土里，不如留一些骄傲与疼爱给自己，然后各自安好。

18岁的时候，她已经在北京这个城市混得不错了。16岁从浙江独自进京，没学历，没背景，没人脉，只有随身携带的几万块钱和两大包衣服。

家里人世代从商，并不觉得她对读书这件事兴趣寥寥是什么重罪。只是爹妈送行的时候跟她说得很清楚："你心大，又有弟弟，所以家里有点钱也耐不住你这么折腾。这些钱就当是你的嫁妆。现在给了你，以后就没了。"

她心里是有闯劲了，认为既然要闯，就不要窝在家乡这个小地方。而她的见识中，大地方无非就那么几个，国内北上广，国外纽约和伦敦。甚至连温哥华、旧金山，乃至悉尼、墨尔本、东京都不知道。

到北京的第一站，她就去了动物园。真正的动物园，而不是批发市场，看了熊猫和大象，觉得北京真的没来亏，值了。

然后她就开始摆摊，出没于各个地铁站地下通道和出口处。两个动作很快让她侠名满天下。遇到地铁站附近出没的乞丐必给钱，给钱多少取决于当天生意好赖，起步价五元，有时也飘出一张百元大钞。遇到城管执法必抗争，曾举着高跟鞋，光着一只脚把一个壮硕的城管追得到处乱窜。

她找到我的时候已经有了几个铺位，雇了十几个店员。店员必是外地来京北漂的，而且她招人有些《唐伯虎点秋香》里太师府用人的味道，谁落魄、谁惨，谁被录用的可能性就极大。

安稳下来的她想出一本书，想说说来北京后经历过的那些事，那些不靠谱的人，各种看不惯的脸。这种书是没人愿意接的，吃不到羊肉反而会惹一身骚。

而我刚工作，被指派过去做这种吃力不讨好，且根本不可能有成绩的工作。

她跟我说："你吃什么？咱们边吃边聊。"

我脱口而出："你这人怎么不按套路出牌啊？"

然后她强拉硬拽地非要请我吃饭，似乎不吃就是踩了她的面子。不得已只能跟她去了社附近的一家重庆宽灶火锅店。

坐下，点菜，她要了最辣的锅底。根本没问我吃不吃辣。后来熟了，才知道她这么做的理由是，吃火锅就是吃个爽，不辣那还叫火锅吗？

看着一层厚厚的红油发愁，等锅开的时候，她问我："你来北京多久了？混得还行吧？"

于是我们角色互换，她听我讲了两个多小时的故事，发了两个多小时牢骚。然后拍桌子，用跟她娇小身材，青葱年龄不符的语气说："就这个样！"

我和她成了朋友，而且是特别好的朋友，原因就是我当天和她一人喝了一瓶牛二。

我高到迷迷糊糊，她视若等闲，大叫店家再来一瓶。

在我的手机里，她的名字变成了火锅妞。这也成了我对她的称呼，逐渐认识的一些她的身边人也开始这么喊她。她不以为忤，反而自得。

这么称呼她，对我来说是因为她每次吃饭全是火锅，可偏不见上火、起痘、口腔溃疡。不熟悉的真不会以为她是江南的美女。

她谢了我一顿起名酒，自我解读自己火锅妞的内涵，一是暖，对谁都热情；二是辣，有什么事坚决不让人。

我常有些为她担心，这样的女孩，是不大容易恋爱的。很多男人也许会被她吸引，愿意跟她玩玩，但谁能和她过那么一辈子？

火锅妞的初恋来得极快，认识我不久就开始了。莎士比亚说，年轻女人的恋爱如浇了油的干柴，一遇火苗便迅速燃烧且不可控制。

她聚了一帮朋友吃饭，带去的那个男人，黑瘦但极善花言巧语。貌似是风月场上常客。

我等以为火锅妞是要我们为她把关，吃饭后私下找机会对她点评规劝。她一拍桌子："要是想说，回去当着他的面，有啥你们说啥。要是只跟我一个说，那就别开口。不然咱们就连朋友都没得做！"

那个男人，姑且称之P，自始至终，我都觉得P是个骗子。认识火锅妞之后，P迅速辞了工作，借口是帮火锅妞打理他们自己的事业。

大大咧咧的火锅妞放心大胆地把财权都交给了P。给他买了车，置办从头到脚一新的行头，再见时俨然已经是一个成功人士了。

P极懒，所谓打理不过是到各个摊位和有几分姿色和年少的店员调笑，或对着电脑玩游戏。而且交际颇多，每周大概有五六天都要应酬，开车潇洒而去，醉醺醺地回来，每次都是他来买单。

我绷不住警告火锅妞当心人财两失，她却笑笑，说我的就是他的。

火锅妞不挑剔，P却开始挑剔自己的财东。嫌弃火锅妞没文化，不会发嗲，不会撒娇，没有情趣。

我去火锅妞店里拿衣服的时候，亲见P呵斥火锅妞太俗，是典型的扶不起的小市民。

火锅妞拿着为P特意打包回来的砂锅，站在那里赔着笑。而P觉得有格调的人，午餐也应该来块牛排，搭配二锅头。

爱屋及乌，恨屋也及乌。P同样看不起火锅妞的亲朋。不少家乡来的亲朋到北京，都愿意找她落脚、资助。可P出现后，就常常尖酸刻薄地冷对火锅妞的家乡人，直斥为乡巴佬。

火锅妞想解释，讲讲道理，P则大怒，似被触怒了龙颜的皇帝，破口大骂："你傻啊，凭什么让这些人花咱们家的钱，我赚钱多辛苦，你没看见吗？你是想让这些孙子白拿钱，然后把我累死？"

但，P的狐朋狗友打着借的名义三番五次地来拿钱，他反而不再提了。

P的狐朋狗友和他几乎一样奇葩，有人每月把这里当成了财务科。死皮赖脸地拿钱不说，而且醉醺醺地扯着嗓子跟P说，这点钱，靠咱们的关系，你好意思让我还？

火锅妞看不惯这种无耻，横眉立目想说话，却被P一个眼神就瞪了回去，眉眼温顺地变成了甘受委屈的小媳妇。

我恨铁不成钢，抱怨说你火锅的辣到底哪儿去了，现在怎么看怎么不像一个视满锅红油和辣椒如无物的英雄。

慢慢地，我们淡了，我觉得她在爱情里是那个扶不起的阿斗。而她也觉得我恐怕实在是有些狗拿耗子的嫌疑。

只是偶尔吃饭，火锅妞还是会选火锅，但已不是辣锅。而是变成了老北京的涮肉，没有辣椒。因为，P说过，涮肉才代表老北京的文化，是高大上，不知道东来顺和阳坊到底给了他多少广告费。

我和火锅妞的决裂，是因为我对P动了手，这大概是我从小学之后，唯一一次跟人动手了。我路见P和火锅妞的一个年轻的女店员相互搂抱着进了宾馆开房，实在绷不住，给火锅妞去了电话。结果她竟然告诉我，是她让P和店员去拿货的。

拿货拿到了宾馆，这个理由我也是醉了。我忍不住去前台质问等房卡的P，他一脸不耐地用鼻孔看着我，我上了手，把他脸上挠出了几道血印。

晚上我想再劝劝火锅妞，这个火坑不能跳，结果电话一直占线，用微信被提示不在朋友名单内，我知道，她把我拉黑了。

没想到，爱情比人生地不熟的北京还凶险。让一个聪明、暖心、泼辣的女人变成了这副样子。

许久没火锅妞的消息，我想大概她是吃了秤砣铁了心地要和P继续下去了。也会为她的未来担心，不知道到底会过成一种什么样子。

再接到火锅妞电话时，我已经换了工作。她约吃饭，风风火火地要我半个小时必须赶到。

尽管对她之前拉黑我的事还有些耿耿于怀，却又不想真的让她这样一个女孩伤心。我去了，她有些瘦了，有点憔悴，叼了根烟，正站在街边跟一群人吵架。见了我，还愤愤不平地说，这些人，有老头摔倒了连扶都不扶，还一个个躲得远远的！

她让我和她一起把老头送到医院，花钱安顿好，打电话通知家属。所幸没有遇到讹诈人的碰瓷党。而我看着她忙前忙后的样儿，功成身退不耐烦地摆摆手让家属不要感谢自己，拉着我逃也似的离开医院。我忽然觉得，那个从前的火锅妞又回来了。

我们吃的是重庆火锅，辣锅，火锅妞特意叮嘱服务员再多放一些辣椒。依旧一人是一瓶二锅头，不过这次她要的是大瓶，看我皱眉头，她拍着胸脯说，你随意，喝不完都是我的。

大概是压抑了太久，她急需找一场醉吧。

　　那天她真的喝多了，撸胳膊挽袖子拎着酒瓶找附近的食客喝酒，最后甚至蹲到了桌子上。

　　她哭，疯子一样号啕，然后骂骂咧咧地跟我讲她从小到大的故事。她跟我说："北京涮锅吃着不舒服，一点劲都没有，尤其是那小料，芝麻酱一样含含糊糊、黏黏糊糊、温温吞吞的。不好。"

　　我没问她到底是怎么了，遇到了什么事情。我只知道，那个过去的她回来了。还是那个我熟悉并喜欢的她。

　　之后，我们回到了从前，她好像忘却了之前所有的不愉快。P从她的店里消失了，但那个店员还在，只是做事更加殷勤。

　　这段故事我没询问过她，因为她想说的话，就会直接告诉我。

　　但这就足够了，就像火锅一样，暖和辣，是她的好。人不能卑微到把自己的好全毁掉，为了得到另外一样东西，不管那东西是什么，连爱情都不例外。


　　不要在别人的眼光里找快乐，否则永远悲哀；不要在别人的嘴巴里找尊严，否则永远卑微。卑微地讨好别人，只会换来别人的无视，这世界只有自身的强大，才能换来别人对你的重视，只有平等的对待，才能换来真正的尊重。

# 选对与你同行的人

孤独是不会出问题的。一个明白人，孤独和热闹全是自主选择的结果。糊涂人在哪都糊涂，热闹时瞎起哄，孤单时受不了，问题并不在环境本身。没那个运气，独善其身，也比跟错的人一起相互辜负强。并不是所有人都想热烈地活着，并不是所有的陪伴都温暖。

[ 1 ]

身边的朋友到了三十岁以上，每次聊到婚姻或爱情，都是一副历经沧桑的模样："对我而言，和谁在一起都一样，等我想恋爱或结婚时，我就满大街随便抓一个！"

可是，我却认为和谁在一起，并不一样。每个人都是小小的世界，散发着独特的光芒，当我们走进他的生命，磁场肯定会发生不一样的变化，也就意味着有不一样的结局。

不信，你真正想恋爱结婚的时候，给我抓一个瞧瞧？

[ 2 ]

曾听过一个朋友的故事。

　　她去学拉丁舞时，幸运地结交了一位非常出色的拉丁舞老师。这位老师获得过国际奖项，刚刚从国外归来，他的教学方法是一对一。

　　约上的第一节课，朋友看到老师就觉得倍感亲切，更重要的是，这位老师儒雅、有礼。他教起课来非常认真，聊起拉丁舞时，老师对国内拉丁舞混乱不堪的现状，表示很不屑，朋友不由得对老师肃然起敬，立刻报名。老师也不负众望，每次授课都是用心至极，朋友学得也是很带劲。

　　每当课程结束时，老师总会说上一句："千万不要跟水平低的人学跳舞，他们跳的很多姿势都是错的。跟水平低的人在一起跳舞，档次会被拉低的。"

　　朋友视这句话为"圣旨"，每次看到公园里的大爷大妈跳拉丁舞，我们围观，并不由得会伴着音乐节奏翩然起舞时，朋友总是头也不回地离开。

　　我们拉着她的手："跳一个呗，给我们展示一下你的功底。"

　　她却会一口回绝道："老师有交代，我得棋逢对手时才能跳！"

　　朋友和老师愉快地学习了一段时间，突然有一天，老师把拉丁舞的教室转到了公园。那时，朋友已经学会了恰恰、牛仔、中板等，虽然跳得不是特别好，但也能瞬间秒杀我们这些门外汉。

　　一天，朋友去上课时，刚刚来到公园，还没有坐稳，就来了一个看上去很彪悍的师姐和她亲切的聊天，别看这位师姐看上去豪爽大方，聊天时却是一副必知天下事的模样，她盘问着朋友的工资、对象、家境……

　　朋友抬起迷茫的双眼，看了看周围的学员，不由得失望至极。他们的平均年龄都在四五十岁左右，而且看上去都是无所事事的模样。清高的朋友自然不期待大叔级的舞伴，也不想再被大妈级的师姐问有没有对象。朋友更怕长久下来，她会沾染这个群体的一些习气，慢慢有一种人到中年的挫败感。想到这里，朋友毅然退出了那个圈子。

　　朋友退出公园国标舞圈子时，老师一脸无奈："要生活，没办法。"

朋友笑着走了，没有回答。生活的困难面前，人人平等。后来，公园拉丁舞的队伍越来越大，老师在其中是个领队。

一次，朋友下班，九点多路过公园的时候，看到老师带领着一群大爷大妈们跳得很嗨，老师早已失去了他最初回国时的儒雅。远远观去，朋友觉得老师带领他们跳得更像是广场舞。她突然想起最初老师说的那句话："跳舞就像人生，需要棋逢对手！"

其实，人人都知道，和谁在一起很重要，包括恋爱、结婚、工作、生活，甚至一起出去旅行，一起去做同一件事，都会有不一样的感受。

[ 3 ]

我们上心理学课程时，都学过那节磁场调理课。我才明白，所谓的磁场并不是看不见摸不着的东西，每分每秒，它都以一个完美的弧度旋转着，变幻着。这个磁场随着我们的身体和言行以及周围的环境，会有着不同变化曲线。

所以，每当有朋友抱怨最近运气不佳，百事不顺时，我都会让他们想一想，最近自己所在的环境是否压抑，并不顺心。

慢慢地，我更喜欢和优秀、快乐、向上的人在一起，会逃离那些低能量随时爆发的人。因为和优秀的朋友在一起，他们喜欢讨论的话题和生活都是富有正能量意义的，所以，无形中自己也会有所提升。若对方能量较低，深入一点讲，要么是心眼太小，气度不够，要么是圈子小，人脉不行，这些环境对他们的影响深远，很难改变。

和比自己优秀的人在一起，你会羡慕嫉妒恨吗？

会。

那为何不远离？

因为我可以感受一些正面的能量，不管我的状态是好是坏，接触快乐的人，总会多一些开心的基础吧！

失恋的人总会寻找同样失意的人互相倾诉，他们觉得彼此惺惺相惜，拥有共同语言。其实，那不过是负能量二次叠加的一个过程，只会让打击自己的信心，让那段失恋的忧伤持续得更久一些。若两个人都是被甩，那么他们很快会得到全天下的男女都不值得信任的结论，其实说这个结论之前，他们都曾深深地信任过自己所爱的人。

可是，消极能量的叠加真的会对未来有利吗？当然不会，毕竟我们都是红尘中人，所谓的不再相信爱情，不再相信他人，不过是自欺欺人的骗局，我们就缩在局中心，等待时间重新洗牌，让我们遇见那位或对或错的人。

等故事换了主角，结局相同时，我们才明白，唯有改变自己身上的负能量，才会让结局与以往有所不同。而改变自己能量的唯一方式就是靠近正能量的人，吸收他们的磁场，感受他们的胸怀。

所以，和谁在一起，真的很重要。这几乎可以决定你的生活，以及你的每一个选择。

别再自欺欺人，一直想提升自己，却发现无奈又无力，那困境多半是你没有离开那个让你心生烦恼的环境。还有，你对自己没有信心。

许多人，你离开他，更像是种解脱。没错，的确会有痛，也有伤害。但从人生的角度来看，这就是放自己一条生路。因为留在这个人身边，你会受伤一辈子。离开了，只是受伤一时。所以，不要被错误的人捕获。我们不仅要找到对的人，更要学会离开错的人。离开，也会是一种正确。在等待的过程中还是想着如何让自己变优秀吧，你优秀了自然有对的人与你并肩。最了不起的不是拥有最好一切的人，而是把一切都变好的人。

# 别滥用了你的善良

有一天你会明白，人不能太善良，因为人只会挑软柿子捏，如果事事都大度和宽容，别人也不会感激你，有时候应该适当有点脾气，对待有些人真不能太温柔和忍耐，过分善良会丢失自己的价值和尊严，过分善良也是一种傻。

我的爸爸说，他是个很善良的人。他经常收养流浪狗。冬天，他怕狗狗会冷，会半夜起床好几次，给狗狗盖被子。有一次，他连续几天都在外面鬼混，妈妈打电话说狗狗跑出去，被车撞了，送到兽医那里了。他十万火急跑到兽医那里，看到狗狗做手术，他心痛得直掉眼泪。

回到家，他怪我妈妈没有把狗照顾好，跟妈妈吵起来。他一急，把我妈妈推到地上，妈妈的腰撞到床角，腰上重伤。妈妈住院，他没有去过医院一次。他没时间陪家人，常年在外面赌博，哪怕是大年三十。就连我妈妈生我的时候难产，大出血，病危通知书都下了三次，我爸都没从牌桌上下来过。

我出生的第二天，他才来医院看我。我在以前的文章中也写过，我爸跟他的红颜知己、也是他生意上的合伙人出轨，还邀请那女的全家来吃饭。也许是沉浸在热恋的氛围中，他很激动，亲自下厨做了大鱼大肉，让我打下手，剥几个松花蛋，我动作慢了，扬手就给了我一耳光。

对小动物，他那么温暖。对家人，他那么冷漠。那时候我十几岁，我人生中第一次认真地思考，到底什么是善良。

看《请回答1988》的时候，真的很郁闷。女主爸爸是个很心软的人。他每天晚上回家，都会在陌生人那里买各种东西。卖口香糖的老奶奶。卖野菜的老人。他还给在街上游行的大学生塞钱。他很有钱吗？他家里穷得都快揭不开锅了。因为他好心，给一个朋友担保，害得家里欠下巨额债务，全家人住在半地下室。

他的女儿一双鞋穿了好几年，都破了洞。他家最昂贵的财产就是一台相机，女儿不小心把相机丢了，他老婆心塞到追着女儿打。女儿人生唯一一次的修学旅行，盼着去。但他们拿不出钱。后来是靠邻居接济，才能去的。她老婆想去邻居家借钱，大晚上的，在邻居家坐了半天，都开不了口。

有一天，他晚上回家，又掏出3瓶去污水——是地铁上的一个小伙子，推销给他的。他怕老婆骂，说那个小伙子，跟小儿子年龄差不多大。他很唏嘘，才买的。而且，这去污水超级管用，不管衣服上多少墨水，涂一点儿，咻地一下，墨水就消失了哦。

他老婆一气之下泼了一瓶墨水在他的白衬衣上。他很得意，哼哼，没问题，是时候让你感受一下神奇去污水的魔力了。于是他用去污水在墨迹上涂啊涂啊。效果很明显。墨迹越来越大了。老婆因为他对陌生人的慷慨，吵过很多次，哭过很多次。如果你的善良和大爱，会换来家人的拮据和困苦。这样的善良，还是善良吗。

我同事的爸爸和《请回答1988》女主里的爸爸，简直就是同类项。小时候他们家里也很穷，小学四年级要开学了，妈妈好不容易给她存了学费，她爸爸偷偷拿去，借给自己一个欠了赌债的朋友了。她妈妈急坏了，到处借钱，最后跟一个邻居拜托了好久，才借到学费。

为这事，妈妈哭了一夜。她妈妈让她爸爸保证，以后再也不要为了外人，而委屈家人了。她爸爸答应了。那年大年三十，她爸爸说，今晚全家人好好在一起守岁，我们一家人也该好好享受一下天伦之乐了。她和妈妈都好高兴。晚上7点多，春晚快要开始了。

一个单身女同事，邀请她爸爸去家里打麻将。她爸爸兴高采烈地打电话邀了三个男同事，一起去。她站在家门口，流着眼泪求爸爸别出去。今天是除夕，说好了要一家团聚的啊。她爸爸回到屋里。拿了自己的钱包。头也不回地出去了。

看过一个粉丝的留言，很长很长，让我特别唏嘘。她爸是方圆一百公里出了名的老好人。心特别软，任何人只要求他，他就会出于同情，有钱出钱，没有钱，借钱也要出。别人是为了朋友两肋插刀。他是为了陌生人也可以两肋插刀。

有一次，她爸和一帮新认识的人喝酒，喝完了坐其中一个人的车回家。结果那个人酒驾，撞了人。那个人当场就给我粉丝的爸爸跪下了。他说自己下个月要结婚了，如果未婚妻知道这事，绝对会跟他翻脸。他家三代单传，他都37岁了，这次再结不成婚，他妈会气到心脏病复发。

他还保证，自己家里有关系，公检法都有熟人，保证不会让他坐牢。恳求他帮个忙。救人一命胜造七级浮屠啊。帮忙顶罪哎。正常人都不会同意好吗。我粉丝的爸爸不是正常人啊。他同意了……同意了……全家人都劝他不要同意啊，根本没用，他不听。

酒驾的人确实信守承诺，找了关系。我粉丝的爸爸被判一年，缓期两年执行。所以实际上他也没有坐牢。但是他们全家因为这事，彻底崩溃了。我粉丝的爷爷太生气了，脑溢血，送到医院就去世了。她奶奶难过得躺在床上两个多月，一直精神恍惚。我粉丝的妈妈痛下决心，跟她爸爸离婚。换来这么惨烈的结局。这到底是善良，还是死蠢？

我有一次去朋友家做客。她妈妈特别热情，非要留我吃饭。吃着吃着，她妹妹回来了。她妈妈赶紧去厨房，给她妹妹盛了一碗汤，让她妹妹赶紧来喝。她妹妹说不想喝，想去睡觉。她妈妈看她妹妹很累的样子，很心疼，坚持让她喝了汤再睡。然后她妹妹就发飙了。

她妹妹大吼：你烦不烦啊，啰里巴嗦的，我说了不吃，你聋了？我很忙你知道吗？我在干大事你知道吗？她妈妈不敢说话，一脸委屈地回来，怕我尴尬，马上满脸堆笑地招呼我多吃点。事后我问朋友，你妹妹干啥大事啊？拯救地球啊？她说，她妹确实在拯救地球。

她妹妹在上大学，据说是某个公益组织的骨干。成天忙着策划一些"关爱地球"、"给陌生人温暖"、"人间大爱"的活动。我就奇怪了，她妹在自己妈妈面前这么横，她就不管管。她说，还不是碍于我在场，不然她早冲上去扇她两个嘴巴子了。

最近听说，她妹把她妈放家里的钱拿了，花了3800块，买了两只乌龟放生。那是她妈妈为了多赚点家用，偷偷出去当钟点工，攒下的钱。

我从来不反对善良。但我坚决反对，用家人的委屈，成全你个人的善良。如果你的善良，会严重伤害到家人。恕我直言，你丫不是傻就是人渣。所以呢，让拥有大爱的人去欢快地大爱吧。而我更想首先关注自己的家人。我说过很多次，所谓成功，就是让身边的人，感到快乐。

首先做到这一点，再去发挥余力，让不认识的人，也感到快乐吧。我在微博也说过。我的梦想是什么，就是挣很多很多的钱，每天给我妈打钱。我再也不想陪她去买衣服，她看了价格标签，就假装不喜欢，拉着我要走。我要让我妈过上买东西不看价格标签的生活。

如果你认为这就是狭隘，这就是自私。你说得很对。很抱歉，我只对自己喜欢的人，和喜欢我的人善良。


　　你再优秀，也会有人把你打入冷宫。你再平凡，也会有人把你视若生命。你再善良，也得碰上知恩图报的人。你再让步，也得碰上知书达理的人。当你的善良受到委屈的时候，记得对自己说这句话：你的善良要留给那些懂得感恩的人，而不是那种将你的善良接受的理所应当且会欲求不满得寸进尺的人。

# 遇见和离别都是一种常态

人的一生，要经历多少次离别，又要经历几回人面桃花？然后终于习惯了身边的人来来去去，终于明白了没有永远的相聚，也终于看淡了世事与人脸的种种变迁？相遇总是猝不及防，而离别多是蓄谋已久。总有一些人会慢慢淡出你的生活，你要学会接受而不是怀念。

[ 1 ]

昨天一个读者说，她刚从一个同学口中得知，她关系最好的姐妹今天生了一对双胞胎，但是她连自己姐妹什么时候结的婚都不知道，大学时候她俩好的，一个来大姨妈，另一个二话不说就跳下床去给对方洗内裤。

可是现在却像两个擦肩而过后老死不相往来的冷漠逼。好心塞。

为什么我们会走着走着就散了？

之前我在报社上班，有一个跟我关系特好的姑娘。

我们同一批进入报社，一起经历过残酷的六进二淘汰赛，晚上睡一个寝室，谁早起就偷偷帮对方作弊签到，用对方的腮红，吃对方的栗子，换衣服的时候一言不合就要比比谁的胸更大。

一年后我决定辞职北上，拉着行李箱站在报社门口前跟同事们一一作别，她当着所有人的面儿，后蹬腿拽着我的胳膊，像个小朋友一样哭得"嗷嗷"叫，问我为什么这么狠心丢下她。

我当时心头一颤，难过的要死，觉得这辈子可能再也不会有这样真心待我百般依赖我的闺蜜了，我像是哄媳妇一样一脸严肃地告诉她，我走了之后，会每天给她打一个电话，而且将来一定还会来看她，乖啊，别难过了。

第一个月，作为一个玩命血拼的北漂狗，我每天晚上不管忙到多晚都要给她打一个电话聊聊鸡毛蒜皮的八卦，她起初总是在电话里说着就想我想得哭起来，后来慢慢地就能笑着跟我说晚安了。

第二个月，我有一天加班到很晚，一着床就像散了架子一样，我告诉自己就眯一小会儿就起来洗漱跟她说晚安，结果没脱衣服没洗漱一合眼我就睡过去了，第二天我一起床就赶紧打电话给她解释，她在电话里一愣，说，我了个去，你吓我一跳，以为多大个事儿呢，你至于么这么一大早就给我打电话。

6年之后，我们有彼此的微信，但是现在我们连点赞之交都算不上，我们存着彼此的电话，但从来不敢打，因为已经完全不确定是否还能打得通。

我们无仇无怨甚至连别扭都没闹过，只是一个不问，一个不说。

打败我们的不是背叛，而是自此天涯两隔，你的余生恕我未能继续参与。


[ 2 ]


在山东工作过一段时间，跟一个男设计师三观合，节奏对，纯洁的革命友谊羡煞旁人。但凡我扔给他一个文案，不用我废话，分分钟就给出我想要的设计。

有段时间我经常因为起晚了吃不上早饭，他每天都买两份早餐往我桌上扔一份；我家里买的壁画需要打洞，他带上锤子就冲到我家帮忙。

好事儿的同事就说，我靠，就一对狗男女。我们就一起嗤之以鼻，说，滚蛋。

我妈说，毕竟是异性，还是保持点距离吧，否则招人闲话。我说，别这么封建，就是好哥们，管别人怎么说。

后来我分管华西大区，经常出差，在办公室里待着的时间屈指可数，跟他的工作交集越来少，不知不觉就好像不怎么来往了，偶尔碰上，笑着打个招呼都觉得尴尬。

我妈住院那阵儿，突然问起我来，好久没见某某某了，你们不一起玩了？

恍然发现，我们的关系，什么时候起，早就已经从"我有个特好的哥们，沦落到了我以前有个同事"。

《山河故人》里说，每个人只能陪你走一段路，迟早是要分开的。

有时候想起来这些走着走着就失散的朋友，心里难免感伤，那些记忆明明还历历在目，现在却不知道什么原因就各自淡若天涯不再联系。

有朝一日在大街上看到一个人，说话的傻逼腔跟你真像啊，那一刻想要打电话告诉你，却发现，欲买桂花同载酒，终不似，少年游。

[ 3 ]

《后会无期》里有一段，周沫说："记得啊，要是以后你们还混得不好，可以来找我。"胡生说："混得不好就不能来找？"周沫说："混得好，你们就不会来找我了。"

听着是不是好心酸？其实现实更心酸，不管混得好不好，好多人都注定跟我们再见不见。

我们来到世上，无论选择了平淡居家，还是选择了勇闯天涯，有些人离我们远了，就会离另外一些人更近了，这未必不是一件好事儿。

你是我的好朋友，但你将来还会有其他的好朋友，以前你跟我比谁喝的多，将来你也会跟别人比谁尿的远。

有些朋友，不知不觉就疏远了，可能我们连原因都不知道。

就像我们年少时对某个人，一念起心生欢喜，一念起又嗤之以鼻。

两个人，在一起舒服就在一起，觉得不爽就痛痛快快谢过对方温情款款长别离。

我们没办法为任何感情做一个终身定调，你说拉钩上吊一百年不许变就不许变啊？

以前我还说非你不嫁，你不也说非我不娶呢么，如今不也都搂着各自的新欢逍遥快活地夜夜都上天啊？

记得张学友的《秋意浓》吗？

"只因人在风中，聚散不由你我。"

[ 4 ]

前段时间，大理地震，半夜2点，床头一颤，1分钟后我就接到一个奇怪的信息，我一看，是一个从2009年猫扑时代就看我写东西的老读者，当年我刚出道，争强好胜嘴皮子不饶人，写东西绝不留余地，蛮横霸道一言不合就撕逼。

尽管如此，他跟一百来号死忠粉自发建了个群，看到谁要是在群里说我的不是就要玩命跟人撕逼，才不管是不是我真的有错。后来我弃文从商，再后来我重新拿起笔杆子全职写作，这期间他好几年都不曾冒个泡泡。

但在大理地震的第一时间，他第一个突然冒出来。

问我，没事儿吧？

时间是一种很残酷的东西，它只会冲淡能够冲淡的，但也会洗尽铅华帮你留下该留下的。

所以，无论我们虎落平阳终陷落魄，还是一朝显赫半生荣华，朋友都越来越少，剩下的也越来越重要。

很小的时候就有人告诉我人走茶凉，也有内心强大的人说道不同不相为谋随他去吧，但是每个出现在我们生活轨迹里的人，都有着自己的使命，有人教会你别把过去看得太重，有人告诉你无论你做了怎样的决定他都懂。

没必要对物是人非耿耿于怀，也没必要分开了就恶语相向诽谤中伤。

一句"你变了"，伤人又伤己。路太长，人在换，我们就是要变，变好，或变坏，都是一个人活着的常态。

这辈子，相遇一场，只要各自安好，联系不联系都不重要。

所以，这一路，很感谢你能来，也不遗憾你离开。

好像没有认真告别过，却又一直在告别。相遇有时猝不及防，离别也是如此。我们总是毫无缘由地确信我们能打败时间，却又毫无例外被时间打败。你不知道自己是否能打败时间，也不知道明天会发生什么。所以你只要用心珍惜每一个人，用心保持联系，哪怕最后分道扬镳也不遗憾。

# 患难是一场华丽的洗礼

对待身边的人不能太依赖，也不能过于吝啬，时刻保持一颗平常心。你不知道什么时候他会帮你一把，什么时候又会把你推下水。所以说，患难见真情，光靠嘴干活儿的一般都不靠谱。

[ 1 ]

摧残爱情的方式很多，不过连根拔起的狂风暴雨，却是借钱。这是福楼拜的《包法利夫人》中，在写到包法利夫人走投无路时，找那个跟她风花雪月的罗道尔弗借钱，却被无情拒绝时的一句话。当年还是学生，做了无数次笔记，而多年之后，却成了最深刻的体悟。

我想说，何止爱情。所有你患难的时刻，都是能够见真情的，也是能够现原形的。它就是一面照妖镜，一个不漏地告诉你，谁是患难之交，谁又该形同陌路。

[ 2 ]

有一句话是：所有经不起考验的情感，都有一个共同点——你最好的时光，就是你们最温暖的时刻；而你患难的时刻，就是你们感情的句点，而从今往后的每一刻，你们都会回到原点，然后形同陌路。

我最深刻地感觉到人与人之间的虚情假意是在六年前，一个夏天的夜晚，我亲眼目睹了一个男人如何被自己曾经最信任的朋友一个个抛弃。

而那种感觉，如今想起来，依旧有一种来自血液的刺骨，一直流淌着，颠簸着，然后把对友情所有的美好敲得粉碎。

事情的起因来自于胡叔叔的借钱事件。

胡叔叔是我父亲的至交，素日他们有一圈好友，时常一起喝茶、谈天，偶尔也一起爬山、外出旅行。他们的友情，在我还只有八九岁的时候就开始了，父亲至今想起来，都觉得难过，就好像把曾经的友情扒了皮，然后赤裸裸地告诉你，友情是个什么鬼。

那一年，胡叔叔的厂第一次出现了资金问题，需要周转资金60万元。是，你可能会说，他怎么不去银行借呢？我想说，因为立刻、马上就要。

因为我家差不多是在所有人的中心，于是，把地点放在了我家。前两天，父亲已经与母亲商量了，母亲也算开明，第二天就把银行的定期储蓄的10万元拿了出来，定期储蓄的利息是没了，变成了活期。但母亲也没说什么，这个女人一大早拿着一个黑色袋子，把一袋钱抱回了家。

借钱这件事是在饭桌上进行的，母亲负责做菜，我负责斟酒。场面显然没有了从前那么活泼，彼此有一搭没一搭地说着，沉闷得很。

胡叔叔在跟前放了一张纸、一支笔、一颗公司章还有他的个人章。一巡过后，胡叔叔还是把借钱的事放在了台面上。

胡叔叔的大意是：这次确实出现了资金问题，但在两个月内一定如数归还。如果涉及到你们银行的利息差，也如数补上。他说，我们朋友十多年了，第一次开口，真的也是没办法。借钱对于一个男人来说，大概真的需要很大的勇气。他说完，就把一杯白酒饮尽。

没有人说话，现场的气氛真的格外沉闷。

没过多久，一个人走了，说"家里有事，要去接孩子夜自习放学"。胡叔叔显得有点尴尬，但还是客气地彼此说"再见"。

有个他们叫老黄的，一直顾着自己喝酒，他是第二个说话的："老胡，不是我说你，你把房子卖了不就结了，这一凑二凑的，要是凑不齐怎么办。"胡叔叔没有说话，低着头，像个犯了错的孩子。父亲说，他从来没见老胡这样落寞过。

接下来的几个人也都说着没钱，然后一个个地离开，恩断义绝地说着好听的狠话，但没有再回头。我就这样看到胡叔叔的脸，一点点地变得苍白而无力，像夜晚的星光，被漫天的乌云遮住了光芒。

最后，只剩下了父亲和高叔叔。高叔叔是他们中过得最辛苦的一个人，有两个还在上学的孩子，但他还是拿来了5万元。还有父亲，那一年，父亲几乎把80%的钱都放进了股市，身上已经没有多少钱了，这10万元后，对于我家来说，也是捉襟见肘。但他说，老胡不常开口借钱，既然开了这个口，就不能辜负这十多年的感情。

没到2个月，胡叔叔就把10万元钱还给了父亲。胡叔叔想给父亲利息，父亲拒绝了。后来，我问过父亲，如果胡叔叔没有把钱还给你，怎么办？

他说：老胡不会。你在一个十多年的朋友最困难的时刻不帮一把，从今往后，你跟人谈感情，你觉得羞愧吗？反正我觉得再也没脸了。患难见真情，你还真别不信。

父亲说得笃定，说真的，一直到今天，我都可以记起那个时候的场景，那种冷酷的表情，冰得像冬天。

那一刻，我终于明白了一句话：金钱从来是友情的试金石，而金子的熠熠生辉和牢不可破，绝不是石头的坚硬冰冷所能够企及的。

[ 3 ]

　　我时常觉得自己骨子里的内向和孤独，是来自于中学时代。那三年的感觉，至今回味，仍可以感受到那种心寒。

　　初一开始，青春期的荷尔蒙在我身上残酷地围了一圈，体重一度到达了130斤，我瘦不下来，我整天拖着肥胖的身体走路，我不敢抬头看人，时常有女孩说，你那么胖，是没资格被人喜欢的。我没有吭声，胖是事实，自卑也是事实。然后没多久，一些早恋的流言，给我贴上了思想不纯的标签；而我固执地写作，又让老师一遍遍地家访。同学当然不会喜欢一个老师不喜欢的学生，何况也真的会有那么两三个与你气场不和的人，一遍遍地散布着你的不是。

　　有一段时间，集体活动的时候，我时常一个人站在角落里，看别人一起玩耍，我也会很羡慕，偶尔忍不住要求参加，也一次次地被"拒绝"。说真的，那时的我，真的没有强大到"经得起多大的诋毁，就有多大的赞美"，我一度还患上了"集体恐惧症"，每次集体活动前，我都会特别担心，我甚至时常希望下大雨，然后就没有所谓的"集体活动"了。

　　但我记得当时班上有一个同学，我记得她叫 S。前段时间，我碰到她，还会想到那些年她给我的温暖。

　　她是一个长得很高、皮肤黝黑的女孩子，和许多同学相比，她实在算不得起眼。但于我来说，她是我至今念念不忘的人。那一次，她见我一个人站在那里，主动喊我的名字一起玩，事实上，她们已经有4个人在一起了，而我去了，显然不太合适。一个人被孤立了很久，是很容易不再融入的，我摇摇头，红着脸说，你们玩吧。她走了过来，搂着我就走。十四五岁的小姑娘啊，那一刻就哭了。

　　往后的一段日子，我便融入了她们的队伍，那种感觉就是，你被需要和存在，然后彼此又格外高兴。后来，班主任和我的母亲说起这件事，母亲问我，为什么要和中等生一起玩，不是应该主动融入优秀学生的队伍吗？

我给母亲讲了一个故事：如果有一天，所有的人都不和你玩了，而有一个人愿意与你玩，你是继续一个人，还是和那个人走。

母亲点点头，说，你高兴就好。

其实，繁华的时候，你从来没有朋友，患难的时候，才有。因为就像是一场洗礼，所有经不起考验的感情都摧毁、都离开，而那始终在你身边的，是你触手可及的温暖。


[ 4 ]


三毛有一首短诗叫《朋友》，里面有一段是这样写的，朋友还是必须分类的——例如图书，一架一架混不得。过分混杂，匆忙中去急着去找，往往找错类别。也是一种神秘的情，来无影，去无踪，友情再深厚，缘分尽了，就成陌路。

其实，我一直觉得整理身边人，是一门学问。不要难过于任何一次来自于朋友的打击，风崩瓦解又怎样，只是代表你过去走了弯路，而错付了一段感情。历经了筛选，便显得更加枝丫分明。

至于患难这件事，该是你最好的放大镜。因为只有那一刻，真情会无限放大，那些虚情假意，也往往无处遁形，只能掩面逃走了。

把值得留下的留下，让该走的离开。那就是人生最大的幸运。


人这一生中，最不能忘记的是在你困难时拉你一把的人；最不能结交的是在你失败时藐视你的人；最不能相信的是在你成功时吹捧你的人；最不能抛弃的是和你同创业共患难的人；最不能爱的是不看重你人格的人。

# 珍惜那些替你负重前行的人

众生皆苦，没有人会被命运额外眷顾。如果你活得格外轻松顺意，那肯定有人帮你承担了很多。那些帮你负担的人，都是世上最爱你的人。有这样一个人，那是命运的恩赐，不要理所当然。无论此人是父母，是夫妻儿女，抑或贵人都一定要珍惜、感恩。

大学同学S一毕业就结婚了，婚后不久怀了孕。本来她想等孩子满一周岁就出来工作，可是她身体底子太差，生孩子时落下一身病。

老公体贴她，让她安心在家照顾孩子，不用考虑挣钱，他一个人能养家。

从此，S便一心一意在家做全职太太，再不考虑上班的事。几年后，S又生了一个二胎，更不想出来工作了。

两个孩子都上了学，S有了大把休闲的时间。她经常在朋友圈晒照片，美食，旅游，帅气的老公和两个儿子，还有宽敞明亮的家，让我们这些苦哈哈的上班族羡慕得红了眼。

我偶尔和她聊天，夸奖她老公能干，一个人能养四个人，还把日子过得那么滋润。S总是表现得不以为然："男人嘛，挣钱养家是应该的。"

当初体质虚弱的S，经过这么多年的调养，已是珠圆玉润，看着比同龄人年轻很多。她时常在朋友圈发一些文字，大多是"岁月静好，现世安稳"之类的内容。

她微信上的名字干脆就叫"岁月静好"，我常常加班到深夜刷朋友圈时，一低头看到她的头像就忍不住心生悲凉——同学不同命，人与人之间的差距怎么会那么大？

春节刚过，公司要举办一个大的商务活动，我负责采购红酒。记得S的老公就是红酒经销商，于是给她打了一个电话，要了她老公手机号。

电话接通，S的老公听我说明来意，很是兴奋。他说去年和我们老总推销过他经销的红酒，但是没有签成，这次希望我能在老总面前多美言，促成这个大订单。

我们约好时间，让他送几个样品过来供我们挑选，当然，最后签单还是要老总定夺。

S的老公把红酒样品送来时，老总正好在市里开会，让我们把红酒拿过去，等散了会一起去饭店吃饭。

很快到了老总开会的地点，老总说马上出来，让我们在车里等他一会儿。

S的老公执意不肯在车上等，他说这样不礼貌，就站在车旁等着。北方二月里的天，和冬天差不了多少，温度还很低。我怕冷不愿下车，就在车上坐着。

料峭的寒风里，S的老公西装笔挺地站在外面。他和我只隔着一层车窗玻璃，脸上冻得起了一层鸡皮疙瘩都看得清清楚楚。他带着谦卑的笑容，专注地看着会议厅门口方向。

等了二十多分钟，我们老总终于出来了。S的老公赶紧抢步迎上去握手，我也下了车。我们老总握了一下他的手，有点吃惊："你的手怎么那么凉，没在车里等我吗？"S的老公连连说："没关系，没关系，车里太闷，正好透透气。"

我们一起去饭店吃饭，品酒。

酒桌上，为了表示诚意，S的老公一杯接着一杯地干，把我看得心惊肉跳。我劝他少喝点，酒喝多了对身体不好。

他笑，没事，已经习惯了，经常这样喝。我这个老板说得好听叫"总"，其实就是销售员，不喝酒怎么卖酒？

中途的时候，S的老公说去一下洗手间，我看他脸色十分难看，就追了出去。洗手间门口，一股刺鼻的酒味迎面而来，S的老公弯着腰在洗手池那吐，表情痛苦不堪。他看到我，强颜笑了笑，继续吐。

我默默退到门口等他。想起S秀的那些幸福，不由苦笑。她一定不知道自己老公的工作会如此辛苦，那些光鲜背后，就像他穿着单薄的春装站在寒风中等客户一样，不过是咬紧了牙关的支撑。

青春年少时，我并不曾懂得自己那些快意活法，都是来自父母的躬身托起。我迷席慕蓉的诗，做琼瑶的粉，为赋新词强说愁，唯独没想过父母的辛苦和劳累。

婚前，我甚至在家里没有洗过衣服，更没洗过碗，婚后也整天在父母那蹭吃蹭喝，吃完抹嘴就走。

曾经有年轻的同事看到我的手，无不艳羡地说，姐姐三十几岁人的手，竟如同婴儿般柔软白皙。我洋洋得意，自诩丽质天生。

记得那一天，妈妈手上的戒指摘不下来，让我帮忙。摸着妈妈的手，感觉那么那粗糙那么僵硬，心口不由一紧。

低头看时，发现指尖全是裂口。大的裂口上，贴着医用胶布；小的裂口，一个个张着嘴，仿佛诉说着经年的辛劳。

我满心愧疚与感动。妈妈这双粗糙的手，为我承担了太多的累，我却一直以为那是天经地义。

众生皆苦，没有人会被命运额外眷顾。如果你活得格外轻松顺遂，一定是有人替你承担了你该承担的重量。

那个替你负重前行的人，就是这个世界上最爱你的人，他（她）总是怕你太累，而把最多的重量放在自己肩上。

如果一个人对你好，绝对是命运的恩赐，而不是理所应当。哪怕是夫妻，哪怕是父母。

你要学会珍惜那个人。


慢慢地你会知道，不是什么事都非你不可，不是什么东西都不可失去，好好珍惜那些留在你身边的人，对他们好点，看开那些离你远去的人，不要埋怨。相聚和离开，都是缘分，时间越长，越理解"珍惜"两字的含义，也越明白"计较"其实不必。快乐生活，且行且珍惜！

# 从来就没有一开始就有的"合适"

这世上，没有完全合适的两个人，只有互相迁就的两个人。愿意在未来漫长的岁月里，为了彼此而变成更好的两个人。这个世界上原本就不存在天造地设的一双，只有付诸努力成为越来越适合彼此的对方。

你为什么不谈恋爱？因为遇不到合适的人。你为啥又分手了啊？因为遇到的人不合适。你可能一辈子也遇不到合适的人。

有多少人的单身宣言，一直是"我在等那个合适的人出现"。

可现实是，你遇到了很多人，错过了很多人，即使你已经谈过很多次恋爱，可你始终没能够遇到一个"合适的人"。

看到恩爱的情侣，你埋怨、嫉妒，为什么我就遇不到一个人，谈一场甜甜蜜蜜的恋爱？

不是上天不眷顾你，而是遇到一个合适的人，本身就是极小概率的事件。

什么样的才能够被称作"合适的人"？

他能够包容你所有的脾气，在你无理取闹的时候还可以一把揽进怀里，亲吻额头给予一个大大的拥抱，他能够比你的gay蜜们更准确地察觉到你的坏心情并用最合适的方式给予最恰当的安慰，他还要能包容你所有的缺点，三观和你高度统一，五观符合你的审美。在他眼中你就是在世貂蝉转世杨贵妃，无论身边多少美少女围绕他都还能够不为所动深情凝视你说出"你才是最美"。

对男人来说同样如此，她要貌美如花，还要善良顾家，最好还能和你一起打LOL。可是和男朋友在一起打LOL时候的女生表情估计也和LOL差不多吧。

所以你所想的"合适的人"，无论你愿不愿意承认，其实都是你心中最"完美的人"。

遇到一个"完美的人"人有多难，遇到一个"合适的人"就有多难。

你说，不是啊，我只要性格合适就可以了，要求哪有那么高。

其实，性格合适，才是最高的要求。两个完完全全不同的人类，性格注定了是分裂的，看起来合适的性格，都是经过了岁月的磨合，双方各自退一万步，收起属于自身尖锐的刺，才能够最终换来一个合适的怀抱。

有个老友，和男朋友腻歪到不行，每天在朋友圈上演遇到真爱的偶像剧情景。可最终还是分手。问分手原因，她说："我太敏感，他太慢热，性格不合适。"

比如，她喜欢在聊天的时候用各种颜文字表情卖萌，男朋友回复都是简单的文字，她深深受挫，觉得没受到重视。她觉得他应该是最懂她的人，她说半句话他就能理解，当她说了两句话他还不能理解的时候，她就觉得他们不合适了。

她感动的，男朋友也应该感动；她重视的，男朋友也应该重视；如果男朋友做不到和她有一样的想法和感受，这就是性格不合适，没办法在一起过以后的日子了。

他喜欢结交朋友，你就让他去，那是他生活的一部分，不要因为你习惯了占有，就觉得他的生活时刻都要以你为中心，你们才是合适对方的人；

她偶尔无理取闹，摆摆臭脸，你也多理解，不能因为你习惯了主导，就认为她一定要对你百依百顺你们才是适合对方的人。

不要把任何事情都上升到"性格不合适"那个层面上来。合不合适不是以你们之间的不同点去判断的，而是以你们肯不肯去接受对方的不同点来判断的。

我们的个性中都应该有独立于彼此而存在的部分，我们也都应该学会去接纳彼此与我不同的价值观和生活方式。

所以你遇不到合适的人，不是你们不适合，只是你们不肯磨合。

无法接受你们的不同不是真的不合适，无法磨合你们的不同才是不合适。当有一天，如果你们真正为磨合你们生活中的种种不同而做出了一定的努力，发现真的无能为力，再说出"我们不合适"这句话吧，对双方都负责，少一些错过的遗憾。

不要用不合适来当作借口去解释你不愿意去退让、去改变、去包容。

不要整天想着遇到合适的人了，合适的人不是靠"遇到"的，而是要靠我们在进入彼此不同的人生中时，懂得去磨合各自的性格。

你收一收你的玻璃心，我放一放我的直男癌，让我们慢慢变成适合对方的人。


其实人生中根本没有什么最好最适合的那个人，一切都是两个人慢慢地磨合和经营。没有人天生为你准备，只有你不心甘情愿的舍弃；中途退出的人，无非是不够爱，却偏偏说不适合，有缘无分之说更是扯淡的借口！真爱，就坚持，没有炼狱般的彼此磨合，哪来心有灵犀的一生浪漫！没有一开始就能合适的，经历了打磨磨合适应，才会创造出"合适"。

# 请丢掉你的抱怨

不要天天抱怨，因为久了你就会发现，抱怨除了扰乱你和别人的心情，什么用都没有。身材不好就去锻炼，没钱就努力去赚。别把、窘境迁怒于别人，唯一可以抱怨的，只是不够努力的自己。做有用的事，说勇敢的话，想美好的事，睡安稳的觉。把时间用在进步上，而不是抱怨上。

生活有太多值得抱怨的事情了。工作不顺利，被老板骂个狗血喷头。学习不认真，被老师请了家长。朋友不仗义，背地里插了一刀。工资不高、房子太贵、没有伴侣……这些人人口中的碎碎念，像扑面而来的尘埃，笼罩着每个人。所以我们常常是一张苦笑的脸，摇着头。

李同学是我大学的室友，白白胖胖的小伙子，喜欢玩"地下城与勇士"。大学期间没怎么好好学习，但也极少挂科。大一上高数课的时候，喜欢过一个同班的女生，他说是一见钟情。要了电话，表白，被拒，后来再也没有找过别的女生了。每天以看电影，玩游戏，偶尔看会儿书度日。那时候觉得李同学有点不自信，却也是个开朗、健谈的人。

毕业后，李同学进了家国企，做一些软件配置、系统维护的事情。工作轻松，极少加班。虽然工资不高，但他挺满足的，起码有份工作了。那时候问他情况，每次都说挺好的，就是工资太低。

后来，他常常在QQ上和我聊天，说自己工作太没意思了，工资太低了，没什么前途。我总是安慰他，你才进去，又不加班，工资自然不高，别人工资高的，每天加班到晚上10点，累死累活的。我劝他，慢慢来，多学点本领，总会好的。

刚开始的几次，我都是慢慢开导，小心安慰。后来每次聊天，他都跟我抱怨同样的事情，工资不高，没前途，没涨工资。一首好听的歌，听多了也会腻，更何况是别人的抱怨声。我开始有些不耐烦起来，每次都是敷衍地回一两句。

有次他和我说，他和同事合伙开了家店，很兴奋的样子，也终于没有听到那些熟悉的抱怨声了。可是没过多久，又开始了。他说，每天上班结束还要照顾店，太累了。店里的生意太差了，亏本了。不想开了，可是本钱还没赚回来。早知道不开了，以前上班轻轻松松的，现在累死了，也没多赚钱。诸如此类的话语基本成了我们以后聊天的主线。好像麻木了一样，对这些抱怨声再也提不起精神来，甚至有些讨厌。每次和他聊天连窗口都不愿意看了，直接回加油、呵呵、没事等字眼。

从开始的安慰到现在的习惯，甚至讨厌，这些抱怨声把我和他隔绝起来。那时于我，他的不幸都变得无足轻重，杜撰罢了。

前段日子，和我抱怨了大半年的李同学终于把店关了，把工作辞了。他说他要去深圳了，重新开始！言语中透着对未来日子的憧憬。我问他，找到工作了吗。他说，过去再找，应该比较容易。我说，好，加油。

找了一个礼拜的工作，李同学还没有个着落。他有些急了，对我说，早知道就不辞职了，以前工作好好的，现在每天吃住要钱，又没工资，快活不下去了。言语中尽是叹气和懊恼。我开导他，别急啊，才找一个礼拜，慢慢来，总会找到的。他也只是苦笑。

昨天，李同学给我打电话，说自己找到工作了，兴奋得很。我说，都满意吧。他说就是吃得不好，工资也不是理想的那个样子，先将就吧。我说，那你还是别去了，再找找，你本来就是因为不满意，想找更好的，现在你因为饥不择食，将就了一下，到时你又会抱怨连连。他说，来回折腾，想明白了，以后好好工作，不想东想西了，不和别人比较了。我说，这才对啊，过好自己的生活，和别人比较干嘛，累得慌。

其实，我又何尝不喜欢抱怨呢。前阵子做项目，不太会，又催得紧，每天脑袋晕晕，心情不佳，逢人便说，"太累了"，"不想干了"，"太难了"，"老师真是有病"等等。期间，室友就充当了我之于李同学的角色，每天都要听我的抱怨。开始他也是好好安慰，慢慢来，不会就问。

后来听得多了，也厌了，有次吃饭的时候，我又开始抱怨，他有些不耐烦起来。他说，谁不累呢，哪个项目不难呢，大家都一样，只是懒得说，抱怨有用吗，听多了别人都会觉得烦。我突然有些不好意思，忙说，你说得对，再也不抱怨了，好好学习。室友笑了下，这才对嘛。

我们都扮演过李同学的角色，遇到困难唉声叹气、絮絮叨叨，总是觉得以前没做过这样的决定，该多好。这样的情绪笼罩着你，蚕食着你，甚至影响到了你的朋友。虽然也明白抱怨没有用，但总是忍不住就说出了口，好像是中毒了，有瘾了。当下的感觉是，要是我不说，你们怎么知道我的痛苦。好像说出了口，得到别人同病相怜的支持，便觉得得到了安慰。

我们也曾扮演过听别人抱怨的"垃圾桶"角色，起初也觉得感同身受，忙说些安慰的话语。可是听得多了，心里便会嘀咕，这人怨气怎么这么大，这人心里有问题，这人太烦了。

就像室友所讲，困难谁不曾遇见过？生活中到处都是磕磕绊绊。常常觉得别人过得比自己好，别人总是那么快乐。殊不知，别人面对困难的时候，常常在心底默念：庆幸的是，我没有抱怨。

　　被喜欢的人冷淡了觉得难受失望，就赶紧去做五十个仰卧撑再跑个八百米；被老板训斥了心里的委屈快要喷涌而出，不如马上给家里来个大扫除；羡慕白富美条件好，那就自己去敷个面膜顺便背五十个单词啊！与其这样怨天尤人，还不如把用来抱怨的时间拿来做更有意义的事。

# 与其羡慕他人，
# 不如自己努力
———•———

**3**

不是任何人打败了你，

是你对于慵懒的欲望与失败的恐慌打败了你；

不是任何事难住了你，

是你给自己找的那许多理由难住了你。

# 与其羡慕他人，不如自己努力

　　想要与众不同，却总随遇而安，想要做很多未做的事，却在现实棘手的吃喝拉撒前低下了头；我们间歇性热血满腔，长时间迷茫犯懒。没必要抱怨和自怜。所有的现状都是你自己选择的，而且当你在开口责怪这种现状的时候，你其实已经享受过它带来的一切好处。抱怨能说明什么呢，除了你什么都想要的贪，还有你不想做努力的懒。


　　前几日，朋友青青费心筹备了一年的小咖啡厅正式开业了，邀请我们几个闺蜜过去坐坐。席间，闺蜜小凡满脸羡慕的表情说："能开个自己的咖啡厅真好啊，那可是我儿时的梦想啊！"

　　一个朋友便说，"你也可以开啊，有梦想就要努力去实现。"然后小凡说，"我家可没有这么多资金，能拿来给我开咖啡厅。"青青一听，不太高兴，"我可没有用家里的钱，用的都是我这几年工作攒的钱。"

　　小凡又说，"那开咖啡厅得懂得市场营销与管理，还得懂得西餐和咖啡吧，我也不是学相关专业出身的，现在也没有那么多时间学，我平时工作也挺忙的啊，总不能耽误工作吧。"另一个朋友便说："我记得青青也不是学这些专业的吧，青青好像是利用自己的业余时间去到处上课吧。"

　　然后小凡又说："我身体不好，要是业余时间都占满了，不能好好休息，生病了又花钱看病，岂不是得不偿失。"

　　"也不一定非得占满业余时间啊，有时间就学学，为以后开咖啡厅做准备啊！"

　　"开咖啡厅得有人脉资源吧，青青长得那么漂亮，应该很容易有很多朋友吧，我就不行了，人丑就是倒霉啊。"小凡说完这句话后，席间终于安静了。因为我们知道，不管说什么，她总是能有理由反驳。

　　她不是真的不能开这个咖啡厅，而是她根本就不想为梦想付出任何努力。因此她要为自己的不努力去找很多看似合理的理由，好让自己能欣然接受自己的不努力。其实，大多数人的一事无成，大抵都是因为太会给自己找理由了。

　　你羡慕同事步步高升、薪资翻倍，但你却说："人还是要有自己的生活，把生活都献给工作，活着也没什么意思。"所以当同事拼命加班时，你毫无压力地选择继续上班看视频。

　　你羡慕闺蜜会五种乐器、六种语言，但你却说："这些事情也不是什么正经的事，还是好好工作先，何况人家都是小时候学的，我现在都老了，学也学不会，何必浪费时间。"其实想学东西，什么时候都不晚，你只是想给自己一个不学习而去逛街的好借口。

　　你羡慕朋友走出小城市，在北上广开启了一片新天地，但你却说："大城市机会本来就多，我去我也行，但父母在、不远游，我还是要在家照顾父母。"你没有看到别人在大城市也是需要努力的，因此你安心地在小城市过着平淡的生活。

　　甚至于你羡慕别人减肥成功，但你却说，"先吃完这一顿再继续减，吃饱了才能有力气减肥嘛。"所以你吃了一顿又一顿，只是为了给予自己所谓的"力气"。

　　然后你说，"我说的难道不对吗？本来大城市机会就是多，本来身体健康就是比工作更重要。"

没错，你说的都对。为你不想做的事情找理由，只要你想找，总能找出千百个来。就像是吸烟的人，如果不想戒烟，他可以为吸烟找出100个好处来，但他就偏偏对"吸烟有害健康"这个不吸烟的理由熟视无睹。根据心理学认知失调理论来说，如果一个人的行为与态度是相反的，他自身就会感到非常不舒服。而你为了让自己感到舒服，就只能去寻找理由平衡你的态度与行为。

你不想去努力，不想去付出，做什么都嫌麻烦，所以你给了自己很多不做这件事情的理由，这样你就可以心安理得地待在自己的"舒适圈"中。你害怕看到自己的无能与没本事，所以你把自己的失败与别人的成功都归结于社会环境、运气、外貌甚至是天气等外在不可控因素，这样你就可以摆出一副无辜的姿态，摊摊手说，"我有什么办法呢？这又不是我的问题。"

你真的太会给自己找理由了，你总是能在众多理由中找到对自己"最有利"的那个。你巧舌如簧、能言善辩，你句句在理、无懈可击。但你赢了口舌，最终却输了自己。

你为自己找的每一个"不能做"的理由，都好似一块巨石，在你还没开始迈出第一步时，就否定了所有的机会与可能，堵住了你所有前进的道路，最终让自己无路可走、作茧自缚，把自己捆在了所谓的"舒适圈"中，一事无成；你为自己找的每一个"失败"的理由，都好似一块黑布，蒙蔽了你的双眼，让你看不清事情的真相，当你认为一切都不是你的问题时，你又怎会做出任何改变？又怎可能改变失败的命运？

不是任何人打败了你，是你对于慵懒的欲望与失败的恐慌打败了你；不是任何事难住了你，是你给自己找的那许多理由难住了你。

所以，不要再去给自己找理由了。成功的第一步总是要直面自己的问题，而不是一味地逃避、欺骗自己。当你知道你的不作为不是因为别的，而就是因为懒时，你才会去变得勤勉；当你知道你的失败不是因为运气不好，而就是因为自己能力不佳或不够努力时，你才会去改善自己。虽然自我否定的过程总是痛苦的，但成长终究是与自我的搏斗与对抗，总好过你百般迁就自己的欲望，最后"葬"在自己的温柔乡中。

既无法忍受目前的状态，又没能力改变这一切，可以像只猪一样懒，却无法像只猪一样懒得心安理得。没有任何一个男人，可以游手好闲赢得女人的欣赏。更没有任何一个女人能够好吃懒做，得到一个男人的尊重。所以，还是埋头干吧，别把时间浪费在解释上，没有委屈就没有成长。多么现实的一段话。送给自己，努力到无能为力，拼搏到感动自己！

# 你的对手远不止眼前这一个

一个人能走多远，与谁同行很重要；一个人能多优秀，导师很重要；一个人能多成功，有一个足够强大的对手很重要。这个对手可能是一个人，一件事，一个逆境，甚至是你人性深处的另一个自己。

某高富帅对我说他最近身边好多美女备胎，有些甚至是有夫之妇，平时总会约她出来吃吃喝喝甚至别的。他觉得他的魅力好大。我好奇地问："你是这些美女圈子里面最高富帅的一个？"他说："不是啊，我当然不是。"我又问："那约你出来的都是良家妇女？"他说："不，都是水性杨花的。"我说："那问题很清楚了，不是你魅力大，只是你够不值钱而已。"他不解。我补充："好人家的姑娘不理你，一帮绿茶联系你。你以为你受欢迎，实际上你只是不值钱。谁都会挑选自己认为不值钱的人随意玩弄。你不该沾沾自喜，而是反思为什么你身边聚集了这么多贱人，以及为什么贱人就敢挑逗你。"他默然，拉黑了几个人。

一个妹妹对我讲，觉得身边的人都比不上她，她现在没有了前进的动力，觉得不需要再努力了。我说："你现在多牛？"她说我现在班级第一，学生会部长，英语雅思也考了6.5分。觉得没什么可努力的。我很无奈说："孩子你说你学校一般，做个鸡头就值得你骄傲了？学生会部长那又是多大个'官'，食堂吃饭给优惠不？至于雅思6.5，我要是分数这么低都不好意思跟别人说。你竟然拿来炫耀！"她不服："哥，我已经是我们班最优秀的好吗？"我答："好啊，只可惜社会上不仅是你们班同学。"她不作声，剑桥雅思真题去了。

在英国时候认识一个朋友，平时在中国城打黑工。每次见到他都会跟我讲自己又买了某某打折的ArmaniJeans等等。觉得自己现在很成功，跟我讲老家的人都不如他。我问那你平时都干什么呢？有学些东西读读书吗？他说没有啊，不需要学了，已经这么行了。我说："哥，你那就行了？跟你比的都是些什么人？一帮打黑工的厨子就让你飘飘然了？"他说也不是，跟家里人比也很好了。我补刀："如果你一定要把你的一生定位在厨子或者农民，我们也没什么好聊的了。你之所以现在天下无敌，就是因为你的天下只有一个巴掌大。"他想想说："老弟你说的对。"现在他的小买卖做得风生水起。

如果哪天我们发现我们是我们所在圈子里面最优秀的了，一方面可能是我们自己确实给力，另一方面，也是很有可能的情况，就是我们的圈子太弱了，我们的环境充满了弱者，我们的对手也都很挫。我们被称为高富帅或者白富美的时候，不是我们真的"高富帅"了或者"白富美"了，只是真正的高富帅和白富美都不带我们玩而已。因为在他们看来我们太弱了，即便在很多更弱的人眼中我们已经是个牛人。而最最可怕的在于，我们竟然经常会因为比我们更弱的人的几个点赞和掌声，竟然自以为是起来，沾沾自喜起来。不是说挂了先锋官的大印我们就是一代名将，赵云有赵云的圈子，廖化有廖化的圈子。

很久以前我常常有觉得自己很厉害的感觉。后来慢慢发现，很多时候我们觉得自己牛得不得了的时候，很有可能恰恰是我们弱的时候，因为不是我们牛，只是我们的竞争对手弱。而为什么我们竞争对手弱？就是因为我们弱，所以落到一个弱的平台，所以这个平台上争来争去的对手也都很弱。你在中超称王称霸不等于你足球水平多高，因为没有一个西甲意甲球员跟你在这里抢球铲射的；你在CBA全明星拿个得分王也不值得你睥睨世界，今年快四十岁的卡特依旧不会正眼瞧你；就算你KO了泰拳之王，WCG你可能还是会被分分钟秒杀。

在一个三本学校里面是学术大牛，但是到了名校或许就是小巫见大巫；在一个投行拿着高额工资，到了对冲基金圈就泯然众人；在一个小城市呼风唤雨的土豪，到了京沪基本上就毫无存在感了。所以每当我们自觉"无敌于天下"的时候，何不反思一下：可能，不是我多有本事，而是我本事不够。自己没足够本事又因为自己在一个巴掌大的小圈子称王称霸而沾沾自喜进而更没本事。用郭德纲的话说："不是自己多有本事，主要是同行的衬托。"

越是牛人，越容易意识到自己渺小。人的眼界是个螺旋。你的眼界越大螺旋越大，你意识到的外围就越大，就越意识到自己的不足。高中毕业觉得自己可以"建功立业"，本科毕业觉得自己可以"一番事业"，硕士毕业觉得自己可以"成家立业"，博士毕业觉得自己"难得毕业"。中国经济学祖师陈岱孙先生说"自己一生只做了一件事，就是教书。"陈道明也从来反复强调自己就是一个"普普通通的戏子"。前几天网上和一位已经在美国顶尖名校读博士的清华特等奖学金的大神聊天。他已经是我们同学中公认的学术大神了，但是他越发觉得自己差得太多了。当我们称呼他为"大师"的时候，他回答只有："慢慢做吧，希望会有进步。"

越是平台高，越容易意识到自己不足。当我们处在一个高手如云的环境中，总有一圈强者将我们的弱小比照得淋漓尽致。"蓬生麻中，不扶而直"，即便你想沾沾自喜，在大神的光芒照耀下，你都不得不老实巴交，谦卑内敛。反倒是"山中无老虎"的小荒丘，容易让不懂朝三暮四为何物的猴子称了霸王。总能看到一些小县城的土豪们及其孩子们开着宝马撞人，称王称霸；反倒北京大企业家和富二代开着兰博基尼遵守交通法规老老实实。毕竟，没见过真佛的香客，对个算命郎中都会毕恭毕敬，何况跟身边更俗的人相比自己还有几分仙气呢，还不趾扈飞扬起来。

越是对手强，越容易意识到自己危险。武林高手作揖，从来都是将拳头对着自己，因为高手都明白"天外有天，人外有人"。你死我活的竞争丛林中，活下来的都是知道看淡浮华和虚心努力的高手，因为不懂看淡浮华和虚心努力的都死了。不是上帝让犹太人注定多聪明，只是当了千年巴比伦之囚的流浪民族，不经营智慧就会被消灭殆尽。一个学渣很渣不可怕，怕就怕跟他竞争的人更渣，反衬出他倒是一个学霸，其结局必挂；一个小老板吃喝嫖赌不务正业不恐怖，怕就怕跟他竞争的老板更吃喝嫖赌，反衬出他倒是一个兢兢业业的企业家，结局必惨。

当我们发现身边人都比我们强的时候，我们很可能在进步；当我们发现身边人都和我们差不多的时候，我们很可能在原地踏步；当我们发现身边人都不如我们的时候，我们很可能在退步。当我们发现这个圈子里我已经天下无敌了，说明你的圈子已经不能支撑你的进一步发展了，如果你还在这个圈子，只能说明你实力至此。与其满足于低圈层目光的毕恭毕敬，不如拼入高圈层感受冷嘲热讽。毕竟，你今天的拥有的"毕恭毕敬"也都是当年的"冷嘲热讽"换来的。

每当我们因为自己的一些或大或小成绩而欢乐开怀的时候，不妨提醒一下自己，或许这个成绩是无数比我们更杰出的人都不屑一顾的，之所以我们会因为这个成绩而得意，不是因为成绩多么瞩目，而是我们没有资格取得更高的成就。我们之所以在某方面的某一段时间看似"独步天下"，不是因为我们实力绝对值多强，只是真正的牛人在忙碌更高端大气上档次的事情，或者真正的牛人正聚集在一个还需要我们努力很久才能企及的平台之上。例如不是说我微积分考了一百分就是我数学牛，那是因为数理大神的同学是不会跟我学一样的数学的；也不是说我bonus在部门里最高我就业务能力最好的trader，那是因为业界高手早就自己搞对冲基金当老板了。

当然，取得成绩，不管大小，开心一下是必需的。只是如果我们追求进步却一劳永逸，心怀梦想却自以为是，就不太好了。昨天我们淘汰掉的人，明天可能就会淘汰我们。当我们停留在自以为是的功劳簿上吆五喝六的时候，比我们强的人正在飞黄腾达；和我们差不多的人正在孜孜不倦；比我们差的人正在呼啸而来。我们那块定格成就的金牌上，最好有一个闹钟滴答作响。每当我们在功劳簿上睡得不省人事的时候，那个闹钟都会雷贯双耳，提醒我们："不是你多猛，只是平台冷；不是你多阔，只是对手弱。"

另外，每个人都有一个人生态度，每个人都有一种生活方式。如果追求恬淡从容，自不必说，小富即安，豁达通融即可。这个世界并不需要每个人都火力全开，奋勇向前，社会本就不该人人都孜孜不倦，恰如庄子说："吾生也有涯，而知也无涯。以有涯随无涯，殆已！"所以在一些小处并并心心，从容一生也是不错的选择。只是，对于立志在某些方面成就一番的人来说，自得于成绩，安逸于现状便是不太好了。因为我们可能会把我们的"成绩"当回事，但是我们的榜样和对手不会。

如果我们希望更牛，拥有更多资源，做出更多社会贡献，我们不需要盯着被人认可，多少人鼓掌，而是要在奋斗的过程中，看看那些我们希望认同自己的人，希望给我们鼓掌的人。因为被人认可很容易，关键的是被谁认可；多少人为我们鼓掌不重要，重要的是谁给我们鼓掌。让比你弱，比你小，比你低的人点赞不叫本事，让比你强，比你长，比你高的人点赞才算英雄。在自己固有的范围杰出不算杰出，真正的杰出，往往是超越自己的固有范围和层次的。

　　总之，取得再高成就，没必要得意忘形，一方面我们可能并没有在足够高的平台打拼，一方面真正的高手可能都不屑于做我们的对手。我们需要做的不是挂着金匾洋洋自得，敲锣打鼓，而是微微一笑，再攀高峰。下次，就是下次，在我们取得另一个高峰成绩的时候，我们完全可以告诉自己："我很不错，但是我完全可以匹配上更高的成就。"


　　年轻人不要试图追求安全感，特别是年轻的时候，周遭环境从来都不会有绝对的安全感，如果你觉得安全了，很有可能开始暗藏危机。真正的安全感，来自你对自己的信心，是你每个阶段性目标的实现，而真正的归属感，在于你的内心深处，对自己命运的把控，因为你最大的对手永远都是自己。

# 想要双赢，你需要一点妥协才行

你将来会碰到很多你不欣赏、不赞成的人，而且必须与他们共事。这人可能是你的上司、同事，或部署，这人可能是你的市长或国家领导。你必须每一次都做出决定：是与他决裂、抗争，还是妥协、接受。抗争，值不值得？妥协，安不安心？在信仰和现实之间，很艰难的找出一条路来。你要自己找出来。

经营和管理一家公司需要管理者做什么呢？不断地做好决策。决策做好了，一家公司就能够持续稳定地发展下去。但是，决策并不容易，常常要面临两难的处境，比如是选择生存，还是公义，是坚持原则，还是注重关系。经营亲密关系也是如此，常常要面临选择的困境，你要这样，我要那样，是听你的，还是听我的。怎么做出一个双方都满意的决定，体现了两个人经营亲密关系的智慧。

无论在现实生活中，还是在做婚恋咨询的过程中，我都看到许多情侣/夫妻因为选择的不一致而发生矛盾和冲突，严重的甚至导致关系的破裂，两个人最后分手或离婚。为什么两个人的选择会不一样呢？因为差异。关系中的两个人对于同一件事的处理方式不同，是由于他们是不同的两个人，他们的年龄、性别、思维习惯、生活经验、家庭环境、教育背景、宗教信仰、价值观、看问题的角度等方面都是不同的。

每一对情侣/夫妻都有各自的差异，但是并不是所有的情侣/夫妻都会因为差异而产生矛盾和冲突。这是因为他们中有的人懂得尊重甚至理解和接纳彼此的差异，或者是在因差异产生矛盾时，他们懂得如何"化干戈为玉帛"。不过，这两点对大多数人来说都是巨大的挑战。

很多情侣/夫妻其实是很难接受彼此是不同的两个人这一事实，他们活在一个"如果你爱我，你就要和我一样"或者"我们是相爱的，所以必须要一样"的幻觉中，他们对亲密关系或者另一半有一种理想化或者不切实际的期待，这种情况尤其会在刚刚恋爱不久的情侣身上出现。他们第一次发现另一半挤牙膏的方式跟自己不同，不是从底部往上挤时，极可能会勃然大怒，指责对方"你怎么可以这样！？"然后非要教育和改变对方，让对方跟自己一致，对方不改变时就会拿出撒手锏"你到底爱不爱我？你爱我就要为我改变。"

这类人其实还活在电影、言情小说所营造的爱情谎言中，看不清生活的真相，他们的内心还未独立和成熟到能够接受彼此的差异，同时他们也缺乏对另一半的包容。亲密关系中的两个人，如果能够认识到他们是不同的这一事实，很多争吵就可以避免。如果再多一点探索和好奇，去看看两个人为什么会不同，进一步的尊重和理解就能达成。

决策学中有个"信息先行"的原则。很多亲密关系在做决定时发生矛盾和冲突，正是因为信息不足导致的误会，比如给女朋友过生日，女生一定要在家里过，两个人要一起做一顿丰盛的晚餐；男生一定要在外面过，要请朋友一起吃蛋糕，吃大餐庆祝。女人认为男人不尊重自己的想法，乱花钱；男人认为女人不接受自己的一番好意，不认可自己的安排。

这时如果两个人坦诚沟通，更多地谈论自己真实的想法，表达出更多的信息，就会知道女朋友想要的其实是两个人一起做家事，创造生活的温馨幸福的感觉，男朋友想要是自己的付出被另一半接受和肯定的感觉。看到这一点，他们就会做出一个双赢的决定：两个人一起去买蛋糕，然后在家做晚餐，做饭的过程中女人积极肯定男人的付出。

举个我自己的例子。通常我一个人在家的时候，房门不关，处在一个半开的状态。而男友在家的时候，房门一定是关得紧紧的。刚同居那会，每次我出门后回家，尤其是晚上，看到紧闭的房门，我就会很来气，心想：你在家干吗要锁门，害我还要自己拿钥匙开门。而且，看到紧闭的房门，想到里面的男友正坐在沙发上看美剧或者玩游戏，我就更来气，觉得那关上的门就是拒绝我，就是不欢迎我回家。如果我工作上遇到点不顺，一到家看到房门紧闭，瞬间我就感受到深深地被拒绝，控制不住地怒火冲天。两个人为了这个小事居然吵了两次架，都觉得自己的做法是对的，对方的是错的。

后来，我们两个人就这个问题谈了彼此的想法。男友说关门是为了安全，他担心家里会来小偷。我说开门是为了表达对晚回家的另一半的欢迎。为什么我们会有如此大的差异呢？因为我们的成长环境不同。我从小在农村长大，每一户人家都有自己的一幢房子，大门都是敞开的，我们会很欢迎左邻右里来家里串门，对外部环境也感到安全和信任，所以我在家就把门半开着。男友的父母都是工人，他从小住在厂区里的楼房，小时候他独自在家时，父母总是叮嘱他要关好门窗，注意安全，所以他在家就会把门关上。

我们双方的差异源自家庭的不同，我们都在用自己的方式爱着对方，看到这一点，我立刻就不再因关门这个事情而生气，也不再想要改变男友，我们接纳了彼此的不同。很多时候，当我们看到伴侣是如何成长为今天这个样子时，我们便更懂得尊重和理解TA了。

再往深层看，我看到的是我们内在需要的不一致，我要的是被接纳感，而男友要的是安全感。看到彼此内在需要的不一致后，因为我们爱另一半，反而愿意去做些什么满足TA的需要。我发现，当我尊重男友关门的习惯后，在我晚回家的那些日子里，他反而会特意为我敞开门，让我感受到被欢迎被接纳，为此我感到很开心。

当我们发现另一半与自己想的不一样时，不要立马下判断，而是要保持一份好奇心，去看看自己和TA为什么会这样想。当我们带着这样的好奇去收集更多的信息时，我们往往会对另一半有更深的理解，也更容易找到一个双赢的选择。

很多人都知道：家不是争辩到底谁对谁错的一个地方，家是一个讲爱的地方。可现实是，知道了很多道理，依然过不好生活。很多情侣/夫妻发生矛盾和冲突就是在争论对和错，认为自己是对的，伴侣是错的，要求伴侣听自己的，结果两个人互不相让，于是爆发了严重的冲突。

我认识一对年轻的夫妻，大森和小倩，他们刚搬到新买的精装修房子里，房子里有一个阳台，两个人为如何使用阳台发生了激烈的争吵。妻子小倩想在阳台种上花花草草，然后摆上座椅，喝茶赏花。丈夫大森想在阳台放上跑步机，健身自行车，每天和妻子一起早起锻炼身体。两个人都认为自己的主意是最好最正确的，对方应该听自己的，都不肯做出妥协和退让，两人各执一词，吵个你死我活，都没有解决问题。我对他们说：你们不是敌人，是夫妻，一直吵下去，两个人都得不到好处，无法满足自己的愿望。为什么不想想有什么双赢的办法呢？

只有一个阳台，一个要种花，一个要健身，想种花的妻子是对的，想健身的丈夫也是对的，他们都是对的，只是彼此需求不同。看到这一点，对于解决冲突是很重要的。他们最后在好几个选项中找到一个双方都基本满意的结果：阳台的一部分用来给妻子种花，另一部分放丈夫的跑步机，要赏花喝茶的时候从房间里搬出小凳子和小茶几。这样妻子可以养花，丈夫也可以运动。

他们不知道自己正应用了决策学上的另一个原则——"多义择优"的原则。这个"优"是"相对优"的意思，即基本满意。这个原则应用到解决亲密关系的冲突问题上，可以变为解决冲突的办法通常不止一个，我们需要在好几个方案中找到一个双方都基本满意的方案，要学会换位思考和相互妥协。

在一次新书分享会上，有一位女性读者问我怎么解决亲密关系中的差异性。我提了一个问题：一对夫妻一起去朋友家吃晚餐，晚餐结束后，妻子想要逛街，丈夫想回家玩游戏。问题怎么解决？有的人回答：我自己逛街。有的人回答：找女朋友出来逛街，让男人回家玩游戏。有的人回答：我会跟丈夫说，你陪我逛街两个小时，我回去给你按摩20分钟。从这些办法里寻求一个双方都满意的选择就叫"多义择优"。

从大森和小倩的故事中，我们还可以看到妻子的深层需求是浪漫，丈夫的深层需求是健康。如果以后丈夫愿意给妻子多制造一些浪漫，比如送她鲜花，带她去吃烛光晚餐，妻子会感到很快乐。妻子愿意多关注丈夫的身体健康，陪他一起做运动，送一些健康产品给丈夫，丈夫也会感到很满足。

亲密关系中，差异并不可怕，差异导致的冲突也不可怕，可怕的是两个人无法尊重彼此的差异，还想要改变对方，也无法做到在尊重差异的前提下合力一起解决问题，以达到双赢的局面。

已有实证研究表明，80%—90%的夫妻想要努力改变对方，从衣着相貌到性格人品，他们都想要改变对方，比如希望对方打扮得更好看，变得更温柔体贴，或者工作更努力、勤奋，赚更多钱……但是结果是，你越努力去改变对方，对方越不符合你的期待，甚至两个人的关系因为这个"努力改变"

而渐行渐远。

我们每一个人都只能改变自己，而不能改变别人，别人只能受到我们的影响而发自内心的自己改变。想要获得幸福和谐的亲密关系，就要先放下改变另一半的念头，明白对方是与我们不同的一个人，尊重彼此之间的差异，在尊重差异的基础上，携手并肩去寻找一致性的解决方案。

亲密关系中的选择题不是争论谁对谁错，而是你是对的，我也是对的，只是我们是不同的。经营亲密关系是学习彼此妥协以达到双赢的生活艺术。我们需要做的是增加自己内在的包容度，发展自己的创造力和解决问题的能力与智慧，学会在彼此差异的基础上去创造共同的和谐幸福的生活。


原谅，并非是因为心宽，而是因为不舍。不原谅，未必是因罪不可赦，只因心已离开。真情，一定会让人心软。但凡跟心软毫无关系的情，都只是些假象而已。当一个人坚持不肯原谅你，不必再多说。坚不可摧的内心，样样都有，唯独少了"爱"。爱的另一个名字，叫作"妥协"。

# 倾听更需要的是用真诚

美丽的外表会打动人，但真诚的内心更能感动人；强势的语气也许会让人口服，但善良的行动更会让人心服。不做作，不敷衍，不世故，就是一个人的真；懂包容，懂尊重，懂让步，就是一个人的善。不失根本，不忘初心，一个人才能走得长远，行得稳重。

挑剔，是指对别的人和事永远不满意。喜欢挑剔的人都觉得自己很完美，又拿着放大镜看别人，满眼望去全是缺点和瑕疵。欣赏，是指会享受美好的事物并领略其中的趣味。会欣赏别人的人，清澈的眼神透着心灵的上善若水，你在桥上看风景，看风景的人在看你。

在L小姐的眼里，世上几乎是没多少好人的，她必须处处提防以免被骗，时时警惕不然全是危险。当然，恋爱还是要谈的，最近她都在忙于各种相亲，也算是一种积极的情感态度。可没过多久L小姐就又心灰灰起来，用她的话说："渣男全在拼尽全力做暖男，优质男人已经绝迹。"总之别人身上全是毛病，自己只能孤芳自赏。我问："难道就不能试着欣赏下别人？"L小姐眼睛瞪得大大的："第一眼就看不下去，怎么能欣赏下去。"我回答："没有多少第一眼的帅哥佳人，你不肯静下心去细品，第二眼的好感就被错过了。"

如今"挑剔"这个词已经蒙上了"不将就"的面纱，L小姐觉得自己的不将就也是一种身价，其实就是挑剔多了个理由罢了。在自己了解自己的时候，不将就是我们主动地选择，哪怕一辈子单身也可以生活得很好。在自己都不知道自己想要什么的时候，不将就只是被动地等待，不能盲目看成是一种执着，你会被这样的"不将就"耽误了长大。挑剔的人一般都觉得自己很完美，又拿着放大镜看别人，满眼望去全是缺点和瑕疵，还特别喜欢拿"认真"说事，其实就是在较真。可人生如戏，你认真了，别人可能就没当真，别人当真的时候，又因为你的一贯较真可能就先失去了机会。换句话说，越挑剔就越失意，越失意就越是看不到不将就的真实意义。

而那些会欣赏别人的男女，往往因为眼睛里都是美好会显得清澈明媚，灵魂上负载纯真人也会显得宽和温暖。我最喜欢的一家咖啡馆在购物中心宽阔的走廊中央，对面上上下下的电梯里不时流过人群，周围也是穿行专柜购物的各色男女。原本一个完全敞开的空间会让人觉得不安全，可当周边的人都为你敞开的时候，你又会觉得我们不过都是别人的路人甲，不需要在意，不需要矫情，更不需要防范。只是那样静静坐着，或是走过，我们或许都看了看对方，亦会被一些或是精致，或是优雅，或是缠绵的男女惊艳到，然后暗自微笑，又一笑而过。我相信，他们是我面前的美妙瞬间，而我也是他们眼中的风景一瞥。

生活很大，人性莫测，面对世间人和事我们都会有不同的反应，不同的表现形式，但初衷却或许是一样的，如果没有深层次的沟通我们都有可能产生误会。这时候，有的人可以宽容，而有的人却只会苛求，于是我们内心的感受也就完全不同了。也许真是怪不得别人，别人当然不屑你的不满意，可不会欣赏别人的人从来不会怪自己。当我们在挑剔外人的时候碰了一鼻子灰，就又有可能把最挑剔的目光给了身边最爱自己的人，然后是望夫不成龙，望妻不成凤，望子不成材。我们固执地把自己的不如意都强加给身边人，在一次次的失望过后，又想着换，换，换。

在一些没有节制的挑剔过后，就会心生厌倦，对身边人和眼前事的厌倦。就一定是别人的不好吗？不见得。别人也许换了一个人后就又会过得很好，而你再换也过不好。不会欣赏的人都是自私的，他们在乎的只是自己，一次不明白，二次无所谓，三次还在喋喋不休着别人的错时，你的人生又经得起多少次的失去和错过呢？挑剔别人实际上是另一种形式的糟蹋，因为没有尊重也缺少自省，这样的糟蹋就更显得荒唐。喜欢挑剔的人也是悲哀的，即便你活过了百年，那皱纹里除了沧桑只怕什么也没有，你想不起谁的好，谁也都早已把你忘记。

这世间没有完美的人，或许在一些有品质的人的努力下，我们能够成全完美的事，但这一切始终离不开爱与温柔。当男和女在你心里都成了相同的符号，那你所谓的幸福又是什么？当情和爱在你眼里都成了肤浅的东西，那你所谓的深刻又是什么？当自己都过不好最现实的生活，那你所谓的博大又从何谈起？就算你把自己变成了一座"思想者"也是找不到答案的，你的苦乐悲欢、爱恨情长，如果都要用一种挑剔而激烈的方式去表达的时候，那不是完美，而是幼稚，也不是高尚，而是浅薄。

男人都喜欢说自己是坛好酒，又有几人能把自己酿到淡而又淡的名贵？女人都称自己是红颜，可世俗的烟火早已经把人间烧成了另外一番模样，又有几位红颜可以生活在云端？人生如戏，戏如人生，如果你纯把人生当戏演，或纯把人生当戏看，那一个太累，一个则太淡。我们常常需要跳出圈子看自己，一样的眼睛不一样的心态才能发现新世界。戏演久了免不了会忘记自己，不伦不类，不深不精，里里外外就都不成了人。虽说平平淡淡才是真，可我们的人生里如果从来没有过热烈与起落，又怎么能懂得珍惜那平淡里的真？平淡，究竟不是回忆里的一片空白，而是历经悲悲喜喜以后，今天脸上的一抹平静淡然。

其实生活中我们都渴望被人欣赏，却往往先忽略了欣赏别人。更多时候，我们善于发现别人的缺点，乐于放大自己的优点，甚至喜欢在别人的不幸中寻找到自己的幸福。但欣赏却是相互的，要想被人欣赏，就得先去欣赏别人，只有学会了欣赏别人，你也就是成了别人眼中的风景。欣赏别人的谈吐，会提高我们的素养；欣赏别人的大度，会开阔我们的心胸；欣赏别人的善举，会净化我们的心灵。欣赏也是一种互补、促进、和谐，善于发现这些也会让我们自己受益匪浅。

人生需要我们去欣赏，用真诚的心灵去倾听，才会发现那些养在深闺人未识的安然静美，而不是用好奇的眼睛去打量，八卦总不是凡人的生活，好奇害死猫。欣赏别人是一种尊重，被人欣赏是一种认可，无人欣赏则是一种不幸。当你学会去欣赏别人的时候，你也就成了别人眼中的风景，是风景就会有四季，再没有比这更精彩的人生了，才值得好好相守。

不管现实多么惨不忍睹，都要持之以恒地相信，这只是黎明前短暂的黑暗而已。不要惶恐眼前的难关迈不过去，不要担心此刻的付出没有回报，别再花时间等待天降好运。你才是自己的贵人，全世界就一个独一无二的你，请一定：真诚做人，努力做事！你想要的，岁月都会给你。

# 勇敢一点，即使摔一跤又何妨

20多岁的你，迷茫又着急。你想要房子你想要汽车，想要旅行你想要高品质生活。你不断催促自己赶快成长，却沉不下心来认真地读一篇文章；你一次次吹响前进的号角，却总是倒在离出发不远的地方。请坚韧一些朋友，勇敢地前行。时间的长河总是以它的速度一直往前走，人生的一秒一秒都在成为过往。要勇敢地生活，坦然去面对所有的变化，不管是好的不好的，总是经历，总要挨过才会拥有。

[ 1 ]

那天在课室里训练学员，我进去的时候刚好是一个微胖的男学员站上台。他说，想跟大家分享一件自己觉得后悔的事情。说是那天他在车站等车的时候，看到一个姑娘。姑娘也不是长得很漂亮，但是圆圆的脸蛋，很有特色的眉眼，一下子就让他迷上了。

都说情人眼里出西施，那一刻他觉得，她就是他找了很久的人。那时候他很想认识她。于是就往前走了几步，想开口说话，却又没敢开口。结果就这样径直地走过她的面前。然后又不甘心，又绕了一圈柱子，又回到姑娘的背后站着。

犹豫着正准备走上前搭讪，结果车来了，姑娘上车走了。他说，这是他觉得最后悔的一件事。如果当时的自己没有那么多犹豫，大胆上前搭讪，说不定就没有那么遗憾了。因为啊，不敢上前是因为害怕被拒绝。

其实，当你遇到一个喜欢的人，还是应该勇敢争取的。或许她在你眼里很美好，所以你害怕自己被她忽视和拒绝。可是你的犹豫只会有一种结果，那就是失去这次机会。而一旦你直接上前坦诚，就会有两种结果，要么被拒绝，要么因此得到一个机会。

所以你不去试试，就注定只能有一种结果。小心翼翼会让我们无风无浪，却可能因此错过更美的风景和人。

## [2]

某天下午我和Jimmy在练习吉他。练习到一半的时候，我突然想不起接下来的步骤，然后我就停了下来。脑子里开始琢磨接下来该怎么弹才对。Jimmy看我琢磨了老半天都没动静。

于是他就着急了，朝我喊着，你赶紧弹啊，有什么好思考好想的，就那几个品，你试试弹一下听一下，不就知道对不对了吗？为什么还要花那么多时间去思考？他说，读书人都有这个毛病。

明明是走几步就可以解决的事情，偏偏都要坐在那里思考半天，最后什么结论都得不出来。你要痛痛快快地弹，犯几次错，你不就知道怎么才是对的了。他的意思是，让我不要去琢磨，直接弹了再判断。

他的话让我突然一下子醒过来了。其实很多时候，我们都总是小心翼翼，生怕走一步就错了，于是就停下来想啊想啊想啊，结果最后什么都没了，可能都想不出来。小时候我们想说什么都脱口而出，童言无忌。

也可以从高高的看台上跳下来，哪里惧怕过摔倒。长大以后我们做什么事情都变得小心翼翼，生怕犯错。明明只要去试试就可以知道对错的事情，我们却犹豫不决。

[3]

以前有人在后台留言问过我，说觉得人生很迷茫，不知道怎么办才好。因为想要的东西很多，可是却不知道怎么才能通过努力去获得。有人说，现在陷入了困境，完全不知道该怎么选择了。

也人说，怎么办现在好烦，觉得人生好难，很怕自己选错了方向，就会留下遗憾，好犹豫，南有你能不能给我一些建议？其实啊，为什么那么多人会迷茫？是因为我们总是想得太多，做得太少。

当你觉得迷茫，觉得不知道该怎么做选择的时候。其实你只要赶紧行动起来，制定一个短期的目标，然后马上去做，马上去尝试。这样你就会知道接下来该怎么做了。很多人都是陷在思考的困境里，一方面不知道该怎么办，一方面还停下来胡思乱想，结果想了老半天也不知道到底该怎么办才好。

而忽略了，最直接的方法，就是去试错。每个人每个阶段都会迷茫，很多人都以为思考就能找到答案，却往往忽略了，应该是先去行动先去尝试，然后才能总结思考，得到正确答案。

所以当你觉得迷茫的时候，很可能是因为你只顾着思考，却没有站起来往前走两步。与其被困住被迷茫，不如站起来往前走一步。人生啊，很多时候不能总是那么小心翼翼，你要勇敢往前走一步，两步。

很多事情是现在的你看不到的，而是要多走两步你才能看到。我也曾经很迷茫，觉得好像很多事情都办不到。于是很多事情一拖再拖，一推再推。

最近突然想通了这个道理，我想，这就是我能给你们的最好建议。

希望我们都不再是小心翼翼的胆怯者，而是一个勇于犯错的大英雄。别怕，最多就是摔跤，重新站起来世界还是很美的。


如果你足够勇敢说再见，生活便会奖励你一个新的开始。当你在犹豫的时候，这个世界就很大；当你勇敢踏出第一步的时候，这个世界就很小。等到有一天你变成了你喜欢的自己的时候，谁还会质疑你的选择不靠谱呢？你已经变成更好的你了，一定会遇到更好的人的。你是谁，就会遇到谁。

# 成功哪有那么多的理所当然

麦田的尽头是无尽的麦田，守望者翘首以盼慢慢老去。如果决意去做一件事了，就不要再问自己和别人值不值得。心甘情愿才能理所当然，理所当然才会义无反顾。没有谁的青春是一路踩着红毯微笑走过的，在那些成功的光鲜身影背后，更多的是你不曾看到的努力与艰辛。

十几岁的时候，我们着急长大到二十几岁。如今，二十出头或者二十几岁的你，是否已经活成自己曾经想要成为的样子？

那时候，我十几岁的青春年纪，羡慕二十几岁的人结婚生子，有一份安稳工作，买得起房车，有时间出门旅行，有闲钱做生意，生活可以过得有滋有味。可是如今，当我真正站在23岁这个年龄时，我又多么惶恐不安。

年少时，在心中告诉过自己，等长大以后要努力成为一名记者、作家、老师。如今记者、作家的梦想已经圆满了，就是还差老师。直到现在我才知道，年少所羡慕的，都是需要付出才能得到，还必须经过时间的历练。

十几岁所渴求的职业当二十几岁实现时又多么羞赧地不好意思跟别人开口说，我曾经当过记者，现在是自由作家。我不敢开口是因为我梦寐以求的职业现在被人们贴了太多标签，在他们眼中这两种职业都是累死累活，尤其是作家，干着吃力不讨好而且还是有上顿没下顿的生活。

我曾引以为傲的梦想现在被我小心翼翼地藏着，我不敢开口对身边人说我是一名写作者，我怕梦想被现实击溃，也敢大言不惭地说自己已经活成了年少时想要成为的样子。现在，我只能说我在自己所认为美好的岁月恰当的年纪，努力活成自己喜欢的样子。我活在脚踏实地的今天，而不是好高骛远活在梦想与未来中。

有一段时间我经常问自己，到底有没有能力过上自己想要的生活？现在的生活真的满意吗？这些问题睡觉前我都会问自己，但我并没有给出自己满意或者不满意的答案。要给生活下定义，起码得等到真正老去之后历经几十年的风风雨雨才能给自己走过的一生盖棺定论。

但是现在，我又被这些问题困惑。我问过身边一些朋友，我说你们现在的生活是曾经想要的吗？或者满意现在的境遇吗？有朋友笑我矫情，说文艺青年就是喜欢刨根到底想问题。也有朋友说知足常乐，祖祖辈辈都是这般一代接一代的过活日子，得过且过行了。还有朋友说，就算不满意现在生活也只能这样，要不然还能怎样？

是了，我一直询问自己到底能不能过上自己想要的生活，现在的生活状态到底是不是自己所喜欢的，其实归根到底都是庸人自扰。别人没有的，我得到过，别人拥有的，我也会艳羡，但人与人之间无外乎都是在你看着我我看着你的状态下过生活。与其想太多不如付出行动努力，因为我一直都相信努力之后的付出能得到收获，如果得不到，再换角度换方法再次出发，如果还得不到，那么我认命。认命于我而言不是妥协，而是我走不通这条路，换一条路再走。

既然过自己想要的生活得需要资本，既然没这个资本就得去赚取资本，那么现在该我赚取资本的年纪我又何必总是杞人忧天想太多？很多东西也许比别人稍微晚一点、慢一点得到，但是没关系，反正赚取到了资本后早晚都会有。

那时候我相信别人的话，听着别人用慷慨激昂的言辞告诉我再不趁年轻旅行就老了，再不过一回自己想要的生活就没机会了。他们口口声声说年轻人玩的就是资本。是，那些人有资本，但是你、你、你，有资本吗？也许和我一样，没资本。既然没资本，又何必心浮气躁的羡慕有资本之人口中说出来生活的样子呢？

在我看来，真正过着自己想要的生活就是把无数个今天过好，这些今天组成在一起便是自己想要生活的样子。你说青春原本应该张牙舞爪，去想去的地方成为想成为的人。于是太多人说走就走的裸辞，提前透支存款挥霍，问父母要钱满足自己招摇过市的虚荣。只是你忘记了，真正的勇气与能力是把今天过好，在循规蹈矩的生活里过出五颜六色的光芒。

我对过上自己喜欢的生活样子重新理解便是把今天过好。这意味着既不辜负亦不蹉跎时光，换个姿势态度围观这个世界，因为能把今天过好这也是我在努力活成自己喜欢生活的一部分。等到无数个今天过完后，当我再回过头看，兴许曾经发生的一切都是按照自己喜欢的方式进行。

如果你愿意，过上自己喜欢的生活成为自己喜欢的样子其实很简单，就是好好对待今天。譬如，你想成为让自己都赏心悦目的人，那么就得在今天锻炼身体，坚持好一件专长并发展其他辅助爱好，学技能，做某个领域的达人，学会养身，研究适合自己的穿衣搭配，努力朝着职业发展领域晋升，等到经过一段时间后，你想要的样子就会渐渐凸现，旅行也可以实现。

你想变得有钱，想成为画家、作家、舞蹈家、歌唱家、设计师、老师、商人等等，只要心中怀有那些符合自己实际现状的梦想，那么就得在今天付出努力，把今天过好，让时间来检验你的付出。等到梦想实现时，曾经奋斗过的过程，其实也是你所喜欢的过程。至于明天或者未来一周，半个月，一个月等，则可作为信心规划，让自己有目标追求。

也许你不喜欢现在的生活现在的一切，你讨厌自己的贫穷、长相、技能、出身等等，可是我也和你一样，草根出身，最最平凡的人，但是我会用年龄提醒我自己，我才23岁，现在还没有达到自己想要的生活，不都是二十几岁应该出现的境况吗？于是，我不再埋怨纠结苦恼现在的日子，而是过好今天，提高执行力。

在当下的这种生活里，我有很努力地活着，这种努力源于力量的支撑，而这股力量并不是吮吸鸡汤文，是我在历经生活刁难与挣扎后让我相信，穷苦人家出身的孩子要么平凡甚至平庸，要么变坏无人管，要么就与现实死磕，背水一战搏一搏，努力总比坐以待毙好。于是，现在我不过分憧憬是否买得起房过上好生活的未来，因为还有这辈子买不起房仍旧窘迫的可能。

现在的我顺着时光走，到了那个阶段，该学习什么课程，接受怎样的安排，我都乐于接受。只是我在顺行而走的人生里，仍旧怀揣着梦想实现的可能。那么，你热气腾腾的梦想，是否正在努力实现？现在的你是不是不甘心两点一线的上学放学、上班下班，既然不甘心，何不过好今天，在今天为自己想要实现的梦想与喜欢的生活努力一回。

我努力的目的既是为了赚更多的钱过有安全感的生活，也是当自己心爱的人看中喜欢的东西时想买就买，不再为了价格犹豫不决。因为我无法预知自己以后有没有能力过上自己想要的生活，所以我现在努力的一切，是为了以后回忆起来心中是满满的甜蜜美好。

最痛苦的不是梦想泯灭或者夭折于现实，而是现在回望年少时热血沸腾的梦想如今再难启齿。还有，最可怕的并非活得平凡，而是正在过着一种平庸的生活还觉得理所当然。

能够成功的人不是因为他们幸运，而是因为他们没有放弃努力。能够一直成功的人不是因为他们曾经的辉煌，而是因为他们一直在充实自己，拓宽自己的路，尝试更多不同的可能。没有理所当然的成功，也没有毫无道理的平庸。

# 别傻了，只是因为你太懒罢了

最可怕的不是没有上进心，而是永远藕断丝连地同情自己。心里是冲劲十足有毅力，可到了实践这方面却变成了：手机离身就不能活，早晨也是按掉闹钟继续睡，所有的书籍都在桌子上积灰，每次吃完之后才想到要减肥。不怕这个世界对我们残忍，怕的是对自己的放纵。

[ 1 ]

最近单位在搞各项突击检查，大家都忙得手忙脚乱的，因为很多备案没有按时记录，现在要补上去，反而要花更多时间去回忆，还要花精力翻资料。当然，我也是其中的一员，虽然刚毕业那会儿的我工作起来每天都像打了鸡血一样，今日事今日毕，但几年磨下来，还是慢慢偷起了懒。这不，关键时候就被自己坑了。

不知你是否也有这样的体验，看着朋友圈里别人在晒写得工整漂亮的小楷，下面的评论一片赞誉。关键是连心仪许久的男神都对她赞不绝口，突然就有一种羡慕嫉妒之情涌上心头，继而慢慢变为阵阵悔意。回想自己小时候不是也练过好几年的书法吗，后来练着练着怎么就放弃了呢，不然现在能和男神互动的就是自己了。

还有就是"减肥"这个老大难的问题，虽然微信公众号里关注了N多健身教程，健身卡也办了一年多了，呼啦圈，哑铃等等配套器材都快买全了，然而从去年开始嚷着要减肥的我依然还在微胖界徘徊。

每一次看别人变瘦了变美了，受了刺激，都会信誓旦旦要把身上的肥肉都减掉，但多是三天打鱼两天晒网，原因比如天气不好不去健身了；上班太累了给自己放一天假；难得爸爸烧了我爱吃的菜，今晚多吃一碗吧……像这样的理由层出不穷，其实都是自己在给偷懒找借口。

因为偷懒而悔不当初的事太多了，以至于现在的我深深地觉得，现在偷的每一个懒，都可能是给自己未来挖的一个坑。因为每一分努力都是实实在在会让你变得更好的存在，不仅影响你的当下还有你的未来。

但偷懒其实是提前预支了本不该属于自己的舒适，在未来你需要某个技能某种能力帮自己渡过难关时，却发现自己早在过去的某一天亲手扼杀了它。

[ 2 ]

俗话说，人都是有惰性的，偷懒确实能给我们带来满足感。那偷懒是一种什么心态呢？

1. 长时间紧绷，突然想放松，但又克制力不够。偷懒的反面是坚持，坚持总是不易的，需要咬紧牙关。长时间的坚持，累是肯定的，需要稍作休息也没什么不对，关键是绷紧的弦一旦放松久了，再想绷紧它就比较困难了。

需要我们有强大的克制力走出舒适区，重新起航，但往往是克制力不够，这就导致休息了一天还想再休息一天，之前的目标和信念都被放松的满足感抛之脑后了。

2. 还有一种就是侥幸心理。觉得一次两次偷点小懒没什么大问题，可是俗话说，不积跬步无以至千里，量变终有一天会达成质变的。像这种心态可能一开始就没有下多大的决心，抱着试一试的态度，由于自己都不够重视，中途开点小差也是很正常的。

不知不觉，即使最后把时间熬完了，效果却差得十万八千里，因为自己到底还是偷懒了，实际上也并没有100%地完成计划，而到那一天再感叹，却为时已晚。

3. 压根就没有开始。现代社会，作为年轻人我们要学的东西很多，压力也着实不小。很多时候我们在决定一件事要不要做的时候，过多地要求它必须给我们带来些什么，对于一些看起来不痛不痒的事情，就提不起多大兴趣。

比如上班族周末报个英语班去充充电，你会觉得我最近又不用考什么英语类的证书，单位也没有相关的要求，干吗花大把金钱和时间去学那个。还不如在家睡个懒觉，约朋友逛逛街，或者追个剧也是可以的。

像这种连开始的第一步都没有跨出的，其实就是个"大懒"，之前两种起码多多少少都做了一些。只要做了都有收获，而思想上偷懒导致行动上直接放弃的，则什么也得不到，除了日后某一天幡然悔悟时的深深叹息。

[ 3 ]

蔡康永说过：15岁觉得游泳难，放弃游泳，到18岁遇到一个你喜欢的人约你去游泳，你只好说"我不会耶"。18岁觉得英文难，放弃英文，28岁出现一个很棒但要会英文的工作，你只好说"我不会耶"。

这段话真实而深刻，的确是这样，生活中有很多机会都是因为之前偷懒的自己而错失了。

有很多美景也会因为自己的一时偷懒而一再错过，有多少人都是把"说走就走"的口号挂在嘴边，而最终的没去成除了时间上排不开，我想和偷懒也有不少关系。

我有个朋友A，每次聊天时候都会说她想去哪玩，哪哪可好玩了，我说那你赶紧趁现在有假去啊，过了一段时间，她又和我说起这事，我就问她，都说了快一年了，你到底打算什么时候去？

一改前一秒的眉飞色舞，她立刻又忧虑起来，向我抱怨道：你不知道，出国好麻烦的，又要办护照，又要办签证，还要准备攻略，想想就很烦神啊！

要是能有人帮我打点好一切，只要拎起行李出发就好了！好吧，我在心里默叹，其实你还是想偷懒，估计我明年问她还是没去成。

我们在开始做一件事情的时候，总会过多地去考虑这件事有没有用，是否迫在眉睫，如果明显是当下不做不行的，自然是完成得好好的。

如果短期内看不到它的用处，偷懒的念头就会爬上心头，于是乎，懒惰小人妥妥地打败了勤奋小人。

但问题是，人的前半场往往都是在为后半场埋伏笔，今天偷了懒，就别怪明天自己会摔跤。

有时候，看似傻乎乎坚持的人反而更容易成功，因为他只要开始了就会一往直前，心无旁骛，而不是左顾右盼，算计着是否值得而萌生偷懒的念头。

很多人在结果揭晓的那一刻，总会愤愤不平，为什么不是我？

抑或是感慨，早知道我就……早知道？千金难买早知道，万金难买后悔药。

印象最深刻的一件事，同单位与我年龄相仿的一位小伙伴，工作没多久就高升了，大家都十分羡慕。

后来偶然听和他一起的同事说起来才知道，人家一直在锲而不舍地，勤勤恳恳地做着单位通讯员的工作，就是要长期、频繁地写稿子。

我努力回忆，之前确实看到过单位面向所有员工征稿的通知，当时虽然有心动，但一想到要写那么多文章，转念一退缩，就没有再继续了。

而那些没有被写文章占用的时间，想来也没有被发挥更好的用处，不是在刷微博中流逝了，就是在聊天中消耗了。

如今看到别人因为坚持努力而有了更好的发展，我除了后悔、懊恼也别无其他。

但也就是在这件事之后，我开始反思，之后的路还很长，我不想再因为一时的偷懒错过宝贵的机会。

再遇到类似的情况，一定要努力说服自己，尝试一下，然后坚持下去，也许有一天我会感激当初那个拼命地自己。

还记得爸爸在我上学那会，一直会拿自己的不努力来告诫我：

想当初，爸爸就是贪玩啊，读完高中可以直接分配工作了，就偷懒不看书考试了，还是后悔没有继续读下去啊……

虽说是赤裸裸地为了激励我好好学习，但经过岁月的洗礼，看得出来爸爸的懊悔之意还是有的。

时间是最公平的，与谁而言，一天都是24小时，选择偷懒蜷缩在舒适区还是勤奋耕耘挥洒汗水，主动权在我们自己。

自己的人生只有自己去承受，有些事情早晚都是自己做，有些苦早晚要吃，那还不如在恰当的时段，趁着年富力强，先苦后甜。

[ 4 ]

路是自己为自己铺的，坑也是自己给自己挖的。你在偷懒的时候，别人都在努力地给自己铺路，一刻也不停歇。

也许你还会嘲笑满头大汗的别人：嘿，兄弟，这么拼命干嘛呢，休息一下吧。殊不知，未来不远处已经有一个大坑在等着了。

年轻时候是人生的储备期，就好像是四季里的春天，本就是该播种的季节，你却因为贪玩错过了，那春去秋来，等别人在秋天收获时，你又能收获些什么呢？

总有长辈总和我说，年轻时候吃点苦，刚工作那会儿还不太明白，总觉得这是长辈的套话。

久而久之，被自己坑的次数多了，渐渐也领会了其中的要义。没有什么路是白走的，没有什么事情是白做的，很多看似没什么用的事情，其实都是成长的基石。

花有重开日人无再少年，如果不想坐在坑里哭，感叹时运不济，那年轻时候就少偷一点懒，多坚持一下，时间会给你想要的。

现在偷的每一个懒都可能是给自己未来挖的一个坑。


你，就是你的命运。想想挺有道理的。懒的穷，馋的胖，一根筋的天天忙。取悦型人格挺压抑，尖酸刻薄容易滚蛋。纠结的见不到世面，洒脱的一屁股烂账。你给自己什么定妆照，命运就给你什么下场。

# 你的态度决定着
# 你人生的高度

———— • ————

**4**

我始终相信，

今天的你，

身上带着昨日光阴的投射。

时光终究不会辜负每一个努力的人。

既然总是有人要赢的，

为何不能是你？

# 你的态度决定着你人生的高度

不管你在哪个单位上班，请记住：工作不养闲人，团队不养懒人，入一行，先别惦记能赚多少钱，先学着让自己值钱，没有哪个行业的钱是好赚的，赚不到钱，赚知识，赚不到知识，赚经历，赚不到经历，赚阅历，赚到以上任何一点，就不可能赚不到钱。只有先改变自己的态度，才能改变人生的高度。

接到勇哥的电子请柬，说他要结婚了。照片上，一张英气俊朗的脸，写满了幸福和满足；旁边的姑娘倚着他，笑得有些娇羞，却是大方得体。电子请柬下方有一行字：我们不是对方的梦中情人，却是彼此想要执手偕老走完一生的人。

我在微信上给他回：你还挺能拽词儿。

他回：你知道的。

我当然记得，5年前，勇哥自认为找到了他的"梦中情人"，房子买了，双方家长见了，婚宴也订了，可女方突然觉得心里没底了。当时，勇哥第二次考研失败，每天就在家里帮爸妈打理干鲜杂货铺。

勇哥说，你现在后悔还来得及。

姑娘思忖了一周，说，要不，先算了吧。

姑娘从新房里搬出去那晚，我去陪勇哥吃饭，他喝了很多酒。然后，就一直在问，为什么别人能跟喜欢的人在一起？为什么别人能考上研究生？我也够拼了，为什么人生赢家就不能是我？

这些疑问，好多人都有过吧。从小，我们就活在"别人家的孩子"的阴影里；考大学、找工作，好像也是马马虎虎、差强人意。我不相信这世界上还有另一个我在过着我想要的生活，却真真实实地看到身边有那么多人拥有我拼尽全力也得不到的东西。所以，我也想问，如果总是有人要赢的，为什么偏偏不是我？

那段时间，勇哥陷在悲观和迷茫中走不出来，常常跑到他们俩曾经牵手散步的河边一趟趟地溜达。勇哥爸爸悄悄地老远跟着，生怕他出事。

但这样的状态并没有持续太久，很快他又开始把自己的时间排得满满当当，白天进货守摊，一到晚上就把自己关在房间里看书复习，常要到夜里两三点。有一回，我陪他去外地进货，旅途劳顿加上谈了一天的生意，真有些腰酸背疼。晚上回到酒店，我倒头就睡，半夜醒来，看到他床头的阅读灯还亮着……

"何苦这么难为自己呢？"当时，我这么问过他。

他淡淡地答，还没到完全无能为力的时候，不想就这么放弃罢了。

遗憾的是，第三次，他依然榜上无名。可他对卖干鲜杂货也着实提不起兴趣，便说服父母，应聘去了一家公司做起了行政助理，主要工作是处理公文，还常常跟着老板各地出差。

有一天在飞机上，老板给他一份即将要签的合同，让他帮忙再校对一遍文字。谁知，他竟发现了一处容易引起歧义的表述。假如对方故意刁难，公司的损失可能数以百万计。而勇哥及时提醒，堵住了漏洞，令老板对他刮目相看。勇哥的人生也就此柳暗花明，晋职加薪接踵而至，一下子竟也成了让其他同事羡慕的"别人家的孩子"。

有人在背后议论，说勇哥运气真好，假如当天在飞机上的是自己就好了。勇哥很认真地跟我说，那哪是运气好，他们哪里知道我那些法律知识是怎么学来的？为考法律硕士，我已经准备了三年！

勇哥常说，那些走得更远的人，并不总是特异于常人，或许只是每天比别人多走了一点点。既然心中有了远方，他就想做那个每天脚踏实地多走一点点的人。

也常听人说，年轻就是资本，因为年轻，所以有无限的可能。这句话，我只同意一半。我一直觉得，年轻不是资本，年轻又努力才会成为资本。清楚自己想要的，然后一步一步接近目标，既有雄心万丈的抱负、水滴石穿的坚持，也要有不轻易服输的勇气和迎难而上的韧劲。努力，并不轻言放弃。

想起马云的一句名言："今天很残酷，明天更残酷，后天很美好，但绝大多数人死在明天晚上。"如果碰到压力就觉得不堪重负，稍微有点儿不确定就把前途描摹得黯淡无光，遇到阻力掉头就撤，那么即使花样年华，岂不也是空付流水？

正当大家还在对勇哥羡慕嫉妒恨的时候，他已经放下了那些光环，一有空闲又开始苦读。第四次，他终于如愿，考上了那所名校的法律硕士。并且，在那里遇到了他想要执手偕老走完一生的人，就是那个在电子请柬的照片上，倚着他，笑得有些娇羞，却是大方得体的姑娘。

这时，我再问勇哥，你现在觉得自己是人生赢家了吗？他反而比以前更淡定了。他说，生活本就有好有坏，你愿意去感受的那一部分，就是你的人生。我也自卑过，迷惘过，甚至绝望过，觉得自己什么都干不好，干什么什么不成。可那些失败、低谷还有负面的情绪，绝对不是你人生的全部。当我决定勇敢面对那些困境的时候，我就知道，总会有一条路能带我走出去……

于是，我明白了，像勇哥这样目标清晰、百折不回的人，是注定会成功的。他们绝不让自己一直圄于消极的窠臼，能坦然接受命运的捉弄，从不为不想努力找借口，即使遭遇困顿也坚持做好每一件小事，从不放弃任何变好的可能。

我始终相信，今天的你，身上带着昨日光阴的投射。而明天的你会是什么样子，也完全取决于你今天的态度和作为。

时光终究不会辜负每一个努力的人。既然总是有人要赢的，为何不能是你？


沉默，是一种成熟。稻熟低穗，人熟低声。历经一些艰难岁月的人，姿势不再张扬，语气渐趋平和，态度明显和善。不是没了锐气，而是少了张狂和轻浮。有故事的人，通常不喜欢讲故事。不想在嘴上卖力，是想在心中开发能量。沉默，是一种负重的坚强，是一种韬光养晦的低调。少说多做，才是最有力的践行。

# 请收起你的玻璃心

想太多，什么事都对号入座，何必那么累。"做人不能不要脸，但千万不要太要脸。"多少玻璃心的天才死在了被人吐了两句槽就跳脚的路上。真正的内心强大，就是活在自己的世界里，而不是活在别人的眼中和嘴上，死要面子毁一生，人生在世，无非是笑笑别人，然后再让别人笑笑自己。

经常在一些文章上面看到"你幸福吗？"这句话。其实我想说，每天看着这个色彩斑斓的世界，各种各样的性格标签，真的很幸福。可自我感觉又一无是处，总会拿别人的好和自己对比，发现自己不止一无是处，只好躲起来做一个旁观者。

尽管你很努力，为了自己和爱的人不遗余力，过着朝九晚九的生活，甚至看不到早晨的日出和晚上的夕阳。当你觉得小有成就，事业有所起步，并且找到了另一半之后。你会发现朋友圈的你是如此渺小。

当你忙了半辈子，终于在一个城市站住了脚跟，你会发现朋友圈里的朋友已经在那个城市买了房。

当你身心俱疲的下班回家，你会发现朋友圈里的朋友晒出了各种美食和美景，身边围了一大圈朋友。

当你终于要摆脱单身狗的行列时，你会发现朋友圈里某个朋友晒出了各种美腻了的结婚场景，还有白发苍苍读着《圣经》的牧师。

所以你又埋怨人生不得志，也找不到好的理由帮自己解脱。所以在这里产生了分歧，一部分人觉得无论自己再怎么努力都不如别人，所以就自暴自弃的颓废起来；一部分人觉得自己还不够努力，所以埋头继续努力。

感情也一样，总会拿别人的恩爱来作贱自己的感情，拿别人的尺码来丈量自己的爱情。其中原委却都是曲折逶迤。可能只是为了挽回关于爱的尊严，所以我们往往会大做文章，晒美食、晒旅游、晒闺蜜、晒基友，告诉诸如此类的朋友我比你好。

## [ 秀恩爱小姐 ]

秀恩爱小姐恋爱的时候喜欢发一些唯美的心灵鸡汤，也喜欢在朋友圈里"秀恩爱"，似乎想告诉全世界我很幸福，也想得到上天的眷顾和朋友们的祝福。

于是秀恩爱小姐被羡慕的眼光高高的捧到天上，开心的唱歌跳舞，然后和朋友一起逛街购物。周末的时候你晒出和男朋友吃烛光晚餐的照片，你被烛光映红了脸，然后写一句"谢谢你，亲爱的还好有你"。

很多朋友评论"好浪漫"并留下玫瑰的表情。你高兴的拿给他看，然后你们的感情又亲密了几分。

你们一起去坐过山车，一起去海底世界，一起去旅行，一起去做从未做过的事情。秀恩爱小姐觉得只有他在的时候，世界才会美好起来。

可是，很难碰到一场恋爱就谈到结婚的运气，最终秀恩爱小姐失恋了，原因是在朋友圈看到另一个姐妹和男朋友在米兰看时装show的照片，还看到他们在海边冲浪，手牵手在大大的落地窗前接吻。

秀恩爱小姐觉得他们真幸福，所以就向男朋友提出了出国旅行的要求，可男朋友赶上岗位竞争期，每天忙得焦头烂额，秀恩爱小姐干脆分手了，她说，你不爱我了，你看人家一起出国旅行，而我们呢？什么都没有。

秀恩爱小姐分手的时候把自己搞得神经质起来，颓废的窝在家里开始幻想以前和他逛街的场景。翻开一起去过的海底世界、一起做过的摩天轮、一起吃烛光晚餐的照片。

她才觉得原来两个人在一起那么久，经历了那么多的事，秀恩爱小姐捧着男友送的定制杯子，抱着维尼熊玩偶，突然后悔起来。

可能是看到别人的洋洋得意，就觉得爱情非得那样才最美。你所有的脾气和不满不是为了达到你对爱情的幻想，而是充分证明你才是爱情里的井底之蛙。

因为你忽略了自身爱情的姿态才最动人，没有人可以替你定义你的爱情。只有让虚伪的星座专家去死、自动屏蔽所有的秀恩爱大军、常把回忆当成长，并时常打卡记录自身爱情最美的样子才能一往无前。


[ 购物小姐 ]


购物小姐非常喜欢购物，每天晚上下班路过百盛商城的时候都会进去逛一圈，在好看的衣架下徘徊，然后在试衣间里左右扭捏，拍一张满意的照片晒出来。

如果哪天进来了新款时装，购物小姐会第一时间在朋友圈里晒出来，从而得到更多的赞赏或者喜欢的眼光，然后故意告诉朋友新买的衣服好像颜色有点深了或者款式有点瘦，通过这样或那样的不满意来满足自己假装不在意却十分在乎的虚荣心。

购物小姐喜欢听别人的建议，当然只是为了让朋友关注你，所以你如法炮制的告诉他们你在不断的shoping，其实你并不缺少这些东西，只是想分享出来让大家知道你是天生的衣服架子。

那天购物小姐逛街的时候看上一件包臀裙，得意穿在身上摆各种姿势秀身材，吃晚餐的时候点了一份基围虾和一杯可乐，得意用lomo镜头拍的精美可口，"哎呀，最近又胖了一斤呢，早餐我要节食"，然后撂下手机就胡吃海塞起来。

睡觉前在试衣镜面前穿着性感的包臀裙露出人鱼线"今天买的裙子好丑哦！晚安。"

当然，如果有人评论一句"是啊，真的好丑"或者"你好像真的胖了"，购物小姐会难过了一整天，甚至强装镇定的和朋友理论一番，狡辩说那不是胖，可能是衣服太肥了。

那天晚上购物小姐看到了一位朋友也买了同款裙子，而且穿出来更有气质，而且真的比购物小姐穿起来更显瘦。下面还有很多朋友的赞美，说"衣美人更美"。

购物小姐当时就脱掉了那件衣服，立马跳下床来做了十个俯卧撑，最后累倒在地。其实购物小姐才100斤，身高170。

可以后购物小姐感觉受到了打击，开始了节食的生活，早餐喝杯酸奶，午餐吃几片粗粮面包，晚上最多吃个苹果。

购物小姐经常听着肚子"咕噜"叫着入睡，一星期后购物小姐病倒了，一个人打着点滴才觉得，大可不必为这些虚有的外表暴露你的真实，如果你的态度往往强调你很好，其实你的生活一团糟。

羡慕别人怎么那么优秀，那是别人的努力撞了狗屎运；抱怨自己怎么那么倒霉，那是自己的努力也撞到了狗屎运，只是脸先着地的而已。其实只要努力做好自己就好，不必在乎别人的有色眼光，如果别人过得好能分你一半，那所有的努力都会在眼里长针眼。

## [ 白领小姐 ]

白领小姐总是埋怨工作压力大，每天加班到眼睛睁不开，第二天又满血复活的去上班，每天三点一线的生活太烦躁，没到月底发薪水的时候又陷入勒紧裤腰带生活的节奏。

白领小姐想要换个工作的环境却鼓不起勇气向老板辞职，又无法适应一个陌生的环境，甚至身边的朋友都要换一茬。

后来白领小姐找到了男朋友，到了论及婚嫁的年龄，为了临时有个避难所，两人拼命地工作并且加班的时间越来越长，也没人肯和对方说声苦，因为他们的努力都是为了自己。

过了热恋期后，白领小姐抱怨越来越多，抱怨对方不能给他幸福，抱怨工作力不从心，抱怨生活太过无情，抱怨自己得不到幸运女神眷顾，抱怨一辈子都在过不喜欢的生活。

于是白领小姐每天都在朋友圈说一些悲天悯人的话，控诉生活乏味，控诉人生无常，控诉找不到知己，控诉一天天没有一件难忘的事。

白领小姐每天8点起床，带着惺忪的睡眼刷牙洗脸，再挤些洗发露，把头埋在水盆里。

你拍下自己狼狈的照片说"每天起的这么早，累死了"。心里变得很脆弱，在朋友圈里想得到一些鼓励和同情，看着稀松的几个朋友点赞和安慰，你才欣慰的化妆，换上高冷的职业装。

可是白领小姐每次看到别人幸福的照片，就越发的没有工作动力，当她在埋在桌子上写文案的时候，看到别人在众多美味前开心聚会；当她被总监驳回稿子的时候，看到别人在享受午后咖啡。总觉得世界不公平，同是一杆秤上的两个人，却活出不同的命运。重量也截然不同，一方是重达千金，一方是轻若浮鸿。

可世界那么大，难免有人提前走在幸福的路上高唱情歌，也有人总为自己的付出和收获不成正比而鸣不平，反正付出的努力将来自己吃苹果，别人嘴馋了还不是花钱买。等过日子过到坎了，你才明白曾经的摸爬滚打都用得着。

## [ 忧郁小姐 ]

忧郁小姐工作顺心，朋友真情，家庭和睦，还有疼爱自己的男朋友和一帮可爱的同事。尽管这样，忧郁小姐每天都开心不起来，来到公司就摆出一副高冷姿态，似乎全世界都是脚下的坟墓，包括自己的男朋友也是。

做起事来总是风里来雨里去，总是超乎常人的预料超常完成，无论再难的设计方案都能一一克服，于是事业顺风顺水，在公司是当之无愧的大姐大。

忧郁小姐开始讨厌一成不变的生活和唯命是从的男朋友，说起话来也是一个唾沫一个钉，谁也改变不了。

忧郁小姐晚上经常会失眠，睁眼看着天花板发呆，喜欢半夜在朋友圈里发一些莫名其妙的话，比如"如果我死了，世界会变成什么样？"

"我想从东方明珠跳下来，短短几秒钟我会想到什么？"

"如果我变得十恶不赦，谁还会爱我？"

……

她也不理会别人的眼里的她是怎样的，所以犹豫小姐休息的时候就像一个温顺的猫，从不主动联系男朋友，也不主动要求逛街求陪同或者隔三差五求一场浪漫晚餐。

忧郁小姐喜欢看悲伤电影，总把自己想象成电影里哭成泪人的女主角，总觉得自己的生活也是如此，虽然没经历过大伤大悲的爱情。哭的时候，卫生纸会堆积如山，眼睛肿成熊猫眼，红的就像工作时涂的鲜艳口红。正如电影里说的那样，外表越坚强的女生，心里都是脆弱的，甚至一滴水就能击溃心理防线，然后引起喧涛洪流。

后来，忧郁小姐和男朋友提出分手，因为她觉得她的世界里没有男人会过得更好，生活可以自理，工作无须帮忙，其他的琐事也能做到条理有序。

后来一段时间，忧郁小姐每天都会在朋友圈里晒怀念，先是男朋友落在家里的白衬衫，她会盯着发呆想起种种。后来晚上回到家的时候常常觉得冷清，电影看完一遍又一遍，哭了一茬又一茬，结局大都是破镜重圆，男女拥抱和接吻结束。

忧郁小姐方才觉得自己很可怜，于是每天在朋友圈里关注了无数个爱情公众号，抱着手机翻开更新的文章给自己暖心，也想暖化这个世界。

你开始怀念对方的好，开始不再羡慕别人的爱情，他们有的其实你都拥有过，他们虽然被你理解为幸福，不过幸福不止这一种定义。

并不是所有的苦心经营都是为了昙化一现，也许你故意对爱情放水，也许爱情里藏了太多的伪装pose，尽管我们做了最大的努力去爱一个人，不过在碰到别人家的爱情时又被打回原形。

[ 情调小姐 ]

情调小姐是我们所有人的通用版本，她本能的嫉妒、羡慕、虚荣、冷漠、吐槽、抱怨、可爱、多情、炫耀种种。

情调小姐和大多数人一样普通，中等收入、相貌平平、男朋友不是高富帅、朋友偶尔聚会聊天、有一帮喜欢八卦的小姐们。

于是，情调小姐想要过上高品质的生活，像偶像剧里的那样住城堡，开豪车。也想有一位隔三差五搞点浪漫的男朋友，也想和身边的朋友一起出国旅旅游，沙滩聚聚餐。

当然这些只是美好的幻想。

现实中情调小姐经常会看电影，于是晒出电影票和身边的朋友，朋友p的总是没你漂亮，姿势也没你优雅。朋友圈的朋友会点赞留言"好羡慕你啊，最新的电影哎！"

情调小姐偶尔喝杯下午茶，于是晒出周围小资情调的吧台和可爱的小熊咖啡，因为可爱至极，所以这杯茶一喝就是一下午，静静地看着人来人往的消磨着无聊时光。

情调小姐偶尔会逛商场，在最好看的、最洋气的时装店里看衣服，然后换上嘚瑟一阵。努力把吊牌藏在相机看不到的地方，然后欢快的按下快门，你问朋友"这件衣服好看吗？"

情调小姐偶尔会看到一束美丽的花，于是凑近些，闭上眼睛，感受花的芳香。于是在朋友圈看到你说"谢谢你亲爱的，有你真好！"

偶尔聚会吃大餐，饥肠辘辘地望着一桌子山珍海味，小心翼翼地取出刀叉，轻轻取一块眼前的糕点，用手捂着嘴巴轻轻嚼动，你说"好饱啊，真好吃。"

情调小姐的生活一直都在小资情调中悠闲度过，每天吃精致的早餐，给自己制定合理的健身计划和塑身瑜伽课，享受着周围朋友的羡慕和赞美，也一心想要在时尚圈里混出个名堂。

所以情调小姐有一群可爱的朋友，有电影看，有情歌听，有男人宠，有街逛，有美食吃，可情调小姐远远觉得自己的生活不够好，比如在杂志上看到一个新款包包就忍不住垂涎的目光，于是拖朋友找关系花费大量人力物力来搞到。

可普通收入的情调小姐下个月就要勒紧裤腰带过日子，比如在街上碰到穿品牌时装的美女就撇嘴注视，随后就是嫉妒的眼光。她说，身材还没我的一半好，还穿那么显摆。

有朋友劝她说，不要在意别人风光就觉得自己特丑，其实也有很多人羡慕你，在他们眼中你也是优秀的。

有这样一种感觉，在我们眼里别人永远都是最好的，但不要让别人的"好"成为自己不开心的导火索。可以试试深呼吸，及时告诉自己"别人好只是我认为的好"、"人人都有一本难念的经"、"天下事没有绝对的好与坏"。

其实，努力就像恋爱中的男朋友，有一颗积极向上的心，有一个耐看的模样，为了女朋友经常制造些意外惊喜。朋友圈就像恋爱中的女孩，千变万化又十分敏感，在物质、精神、金钱方面表现得尤为突出。当男孩遇到了女孩；就像努力遇到了朋友圈，不说彼此的矛盾，也能擦出火花。

无论生活的多物质，或者人生倒霉透顶，都不必仰望别人来瞧不起自己，也不必拿别人的幸福来鄙视自己的努力。有种爱是别人家的爱，有种幸福是别人家的幸福，不是自己一无所有，而是自己根本没看到。

你很好我知道就行了，你不好，等我好了我帮你一把。外界的流言蜚语固然了不起，但我们的努力又不是经不起打击。


穷而弱往往容易玻璃心，一碰就浑身炸毛生怕自己被忽视。只有经济和精神都独立，才会让你更有底气，故久也就更没有了戾气。每个人都有一颗玻璃心，小时候我还因为别人发礼物不给我而难过呢，换现在才谁在乎啊。所以治愈玻璃心的是成长，是见识，是学识，是磨难，是修养，是一次次的已失去和未得到。

# 哪来的那么多福气，不过是更努力

右脚是你的人生，左脚是别人眼中你的人生。夏虫不可语于冰，无论你怎样与夏天的虫子谈论冬天的冰雪，它都不会明白。所以永远不要去羡慕别人的生活，即使那个人看起来快乐富足。永远不要评价别人是否幸福，即使那个人看起来孤独无助。幸福如人饮水，冷暖自知。你不是我，怎知我走过的路，心中的乐与苦。

朋友圈里有女生嫁的很好。是怎样的那种好呢？大龄、貌一般、家庭条件一般，却嫁了一个年薪百万的年轻新贵。家有大房豪车，家务有钟点工打理，不必她来操心。婚后打算生养，丈夫劝她辞职备孕，打算再请一个全职月嫂，从孕期照顾一直到孩子断奶为止。听丈夫的意思，甚至希望她从此不再工作，专心在家做主妇，反正养得起。

现在的职业女性苦，一旦结婚，大抵都要工作，又要养家，倍感辛苦。这个朋友嫁成这样，自然引得大家纷纷羡慕，交口称赞有福气，是运气好到极点。更有甚者用羡慕嫉妒恨的语气感叹"做得好不如嫁得好，我没这个命。"更多未嫁的人，会奢望自己也有这样的福气。对于这件事，我是这样想的：三分命注定，七分在人为。

亦舒在《我的前半生》里讲了这样一个故事：一个职业家庭主妇，十几年来一直在丈夫建造的城堡里安逸的生活。突然有一天，丈夫出轨了，要求离婚。这个以依赖为习惯的黄脸婆不得不独立起来，从而蜕变成自信坚强的新女性，找到命中的那个人，同时又让抛弃她的丈夫悔不当初。

与这个家庭主妇对比的，是她的闺蜜，前半生在职场打拼，没有时间解决个人婚姻问题，后半生放弃事业，做幸福主妇。并同时在好友遇难被抛弃的时候帮助她找工作，用各种语言点醒她，教会她在社会上生存的方式，使她变得坚强。

整本书看来，女主角的运气似乎太好，小说痕迹过浓。而她的闺蜜，人生轨迹反而更加正常。这个闺蜜，能干又善良，豪放又含蓄，三十五岁仍对婚姻持宁缺毋滥的态度，最终嫁给与她默契无比的优质男，做了家庭主妇。总之，这两个人有个共同点：都是独立坚强的女性，也因此得到了优秀男人的赏识，爱情事业双丰收。

书中的男人有优秀的令人不忍直视的，也有一些败类，比如厌倦了一成不变的生活，从而被新鲜诱惑勾引抛妻弃女时狠厉而决绝的丈夫；打着"我老婆一点都不了解我"的旗号在公司乱勾搭女性的中年男同事，他们这辈子在事业上也就这样了，却试图在女人身上找到人生的第二春。被老婆发现之后，却试图把自己的过错全部推给女方；猥琐而试图在成熟女人身上寻找经验和安慰的男孩子；油腔滑调试探之后立刻见风转舵的洋人……他们的行为都是欲望唆使，严格意义上并不能说他们是坏人，他们的行为却让人失望，让女人无法指望。

然而这就是人性。张爱玲说：不过就是个男人。如果是个渣男，不过就是个男人，挥一挥衣袖，转眼抛在脑后。而那些优秀的男人，可不能轻易说"不过就是个男人"，他们是人间珍品，一旦拥有，就是福气。

优质男都到哪里去了？有一首老歌这样唱："十个男人七个傻八个呆九个坏，还有一个人人爱，姐妹们跳出来，就算甜言蜜语把他骗过来，好好爱，不再让他离开。"优秀的男人从来不缺女人，相反，但凡市面上出现一个温柔帅气多金男，众女人们必然趋之若鹜，试图把他占为已有。而优秀的男人，百里挑一，又凭什么选你呢？即使跟你谈一场恋爱，玩一场速配，又凭什么跟你结婚呢？

或许你年轻，漂亮，大胸，长腿？可是，年轻漂亮大胸长腿的女人那么多，又不少你一个。就算你年轻漂亮大胸长腿的很稀缺，可你终究会老是不是？忘记是谁说过，一波又一波的漂亮姑娘像韭菜一样，割过一茬又长一茬。优秀的男人，通常不会因为你漂亮就跟你结婚，但是，如果你漂亮，却有很大的机会做二奶。

至于那些相貌普通，所有个人条件都很普通的女屌丝们，就更不要奢望福气突至，嫁得优质男了。灰姑娘嫁王子的故事通常只在童话和言情小说里，现实生活中，几乎不可能。反观都是哪些女人才有这样的福气，嫁得好呢？仔细观察我那几个嫁得好的女朋友们。第一类，出身良好，与温柔帅气多金男有相似的家庭背景，两人可谓是门当户对；第二类，个人条件优越。学识、谈吐、能力、收入，两个人相当或者差别不大。这是另外一种形式的门当户对。

第一类就不多说了。第二类年龄都不小，起码也是二十八往上走了。这类人，有一部分人毕业之后感情不太顺利，一咬牙干脆全副心思投入工作和学习，拼了几年薪水和职位大幅度翻升；有一部分人根本后知后觉，毕业后工作忙，就把全部心思交付工作，等想恋爱的时候已经大龄，只好托亲朋介绍。因为这时候自己的职位和薪水已经提高，圈子也跟毕业时有很大的差别，别人介绍的，水平亦和她差不多；还有一部分，恋爱工作两不误，抓得住潜力男，两人一起拼个五六年，甘心做背后撬动他的杠杆，等他发达的时候，两人的感情亦成熟，水到渠成嫁过去做太太；另外一部分，对感情不肯将就，一心要嫁好男人，肯耐心地等，在等待的过程中不忘记学习、充实自己、提升工作能力，最终亦达成所愿。

就连我这个才结婚的朋友，也是十年不鸣一鸣惊人的主儿。大家忙着恋爱结婚的时候，她都在工作了。一次工作饭局认识了现老公，迅速打得火热，恋爱一年顺利结婚。因为她老公工作的单位和她的公司有业务来往，也不用多打听，基本上就把她的职位薪水收入工作能力搞得清清楚楚，两个人爽爽利利谈恋爱结婚，连试探都不需要有。她结婚的时候已经差不多三十了，而她的老公也就比她大五岁。

几个朋友聊天，有一女很八卦地问她知不知道她老公的过去。她抿嘴笑："他都那么大年龄了，没有点过去根本不可能。可是最终他还是跟我求婚，这说明在他心里我才是最适合的。"她很聪明，的确如此。男人在没结婚之前会玩，会谈很多场恋爱，可是要结婚，就得仔细思量了，他们只会选择一个最适合自己的。而不是随随便便找一个女人回去养着玩，又不是养宠物。毕竟，男人们也不容易。

所以，不要轻易羡慕别人的福气吧！福气的背后有你看不见的努力，有福的人通常自己做的也不错。也不要担心一门心思工作大龄之后难找对象，这种观念完全是被一群急嫁和急着催你嫁的人误导的，条件好的人，多大年龄都不愁嫁。当然如果你实在担心，那么，起码要分百分之五十的心思在工作上，否则任凭岁月蹉跎，大龄的时候，才真正难嫁呢！要相信，在你还没有足够的能力去匹配好男人的时候，福气不会因为你着急就降临到你门前。毕竟，很多时候，福气还得自己挣。

懒惰是很奇怪的东西，它使你以为那是安逸，是休息，是福气；但实际上它所给你的是无聊，是倦怠，是消沉；它剥夺你对前途的希望，割断你和别人之间的友情，使你心胸日渐狭窄，对人生也越来越怀疑！而真正的福气，就是你的努力。

# 好运有限，而努力无限

不管走在何处，我们都不要迷失自己。我们一起回首，隔着十年岁月的长河，回首曾经的山盟海誓、轰轰烈烈，早已消失在目光的尽头。时光已经泛黄，过不去的都过去了。人生活在得失间，得亦是失，失亦是得。你越怕、越担心、越不敢迈步，厄运越会降临；你越乐观、越积极、越是勇敢面对，好运就会来到。如果事与愿违，就相信上帝一定另有安排。好运只是个副产品，只有当你不带任何私心杂念，单纯地去做事情时，它才会降临。

2008北京奥运会那一年，表哥大婚，我主持婚礼。

表哥和表嫂是模范情侣。他们是高中同学，谈恋爱谈了八年。当年高考为了和表哥上同一所大学，表嫂还复读了一年，终于考到了表哥所在的学校。大学毕业后表哥在北京读研，表嫂去了上海工作，两个人异地了三年。

跟许多异地恋人不一样的是，表哥和表嫂好像从来没有考虑过要不要在一起这个问题。什么时间啊距离啊不能陪伴啊这些在其他恋人那里构成阻碍的问题，在他们那里似乎根本都不存在，因为在他们的字典里根本没有"不在一起"的概念，而只有"在一起"。无论做什么，分开多久，只要情况允许了就是要在一起，天经地义。

所以表哥研究生毕业一找到工作，就把表嫂娶了回来。表嫂辞了职，跟着表哥生活在了北京。然后很快就有了第一个男孩。表嫂在家带孩子，表哥工作，男耕女织。隔了几年，又有了第二个孩子，是个女儿。

儿女双全，羡煞旁人。

表嫂在家带孩子，开过一阵子网店，卖婴儿服装，生意还不错。后来有了第二个小宝贝，就没时间打理了，关了网店全心全意照顾家庭。表哥在石油口上班，待遇也不错，两个人在北京有车有房，跟邻居处得好，常常一起喝酒聚餐，交换育儿经。表哥有假期，就带着家人出去旅行。近了就去秦皇岛，远了飞厦门，今年看我在云南待了两个月，还说也想组织朋友们一起去云南玩。

总之这两个人，从模范情侣又变成了模范夫妻。表哥向来不花心，跟女同学女同事泾渭分明，从来没有红颜知己也没有所谓的好闺蜜。表嫂就更是，朋友都是和表哥共同的朋友，在北京也没时间出门瞎晃，最多就是带孩子逛商场给孩子买东西。最近听说两个人还打算一起创业开家餐厅，生活按部就班，欣欣向荣。

再说说我表弟。表哥是大姨家的，表弟是二姨家的，只比我小半年。他和他老婆，更是青梅竹马，初中就在一起了，两个人爱得如胶似漆。表弟是那种一根筋的男人，他喜欢上一个人，不管怎么样，就会死心塌地认准这个人。当时他和他老婆好，两家人都不同意。女方家嫌弃我表弟家境没有她们家好，觉得低就。表弟父母觉得对方嫌贫爱富，而且知道女孩曾经为情自杀过，怕心理不健康。两家都不同意和对方在一起，但是两个人爱得死去活来，我表弟更是做牛做马都愿意，总之就是雷打都不会散，从来没有一刻动摇过在一起的决心。

三姨虽然苦口婆心劝过，但自知拗不过表弟，也就作罢。女方家也是心有不甘，但是因为有前车之鉴，想到万一反对得太厉害自己的女儿再做出什么过激的事情来，到时候后悔都来不及，于是也就默许了。两人结束了九年长跑，三姨家欠债给两个人置办了婚房，小两口欢天喜地喜结连理。2009年两个人结婚，还是我主持婚礼。

有一次表弟老婆晒出了表弟当年给她写的情书，字字情真意切，我真是没有想到一向学习不咋地的表弟能写得如此一手好情书。所以我发现，情书写的好不好，其实有时候也不在于文笔如何，而在于感情真挚不真挚。

扯远了。

两个人结婚之后，常常卿卿我我出双入对，在朋友圈里是一对可人儿。表弟老婆爱打扮，每每把表弟打扮成韩国欧巴一样帅。表弟继续发扬一根筋对老婆好的精神，把老婆宠得脾气越来越大。我一般一年也回不了老家几次，但几乎每次回去都会在最大的超市的零食区遇到表弟。每次几乎都是一模一样的情景：他一手拿着电话，一手推着购物车，一路走一路按照老婆的指示往购物车里装零食。结婚几年，俩人眼看着发胖，跟吹气儿似的足足胖了有一倍。这俩胖子平时也不做饭，常常下馆子，还爱喝啤酒，于是更没法减肥。

人家都说了，幸福的人才发胖。爱就是两个人一起吃成胖子。

我一个二十多年的发小，大学时和一个男生在自习室一见钟情。俩人谈浪漫的校园恋爱，漫天大雪里拍的合影至今让我想起来就觉得甜蜜。毕业后两个人一起到北京找工作，租房子同居，然后过起了幸福小日子。女孩子一边准备司法考试一边在家做饭等他下班，男孩子每天勤勤恳恳工作赚钱。后来女方想结婚，男的说没房子也没钱，俩人僵持了很久。因为发小实在是喜欢这男的，想分分不开，于是女方家在北京一口气备好了房子车子。俩人结婚后，女的成了法律顾问，男的依然做IT。生活皆大欢喜。

我还有一个闺蜜，多年前嫁到外地，然后就没有了什么联系。再重新联系起来，她已经是两个孩子的妈。也是一个女儿，一个儿子。两个孩子都十分乖巧可爱。她似乎嫁的还不错，当年老公追她追得感天动地，婆家是做生意的，环境比较优渥，她嫁过去比娘家生活要好。她不用工作，带着两个孩子，公婆也时常帮她的忙。我这个闺蜜，身材高挑，皮肤白净长得也出众，生完两个娃也没见老也没见身材走形。偶尔发自拍，看到她开着车去接娃或者去玩儿，觉得也是一个幸福的小女人，过上了她想要的生活。

以上，是我身边的人的寻常生活。我们每天刷着朋友圈，满眼看到的都是幸福团圆的结局，看到的都是丰富多彩的生活。所以也不难理解，为什么很多单身的人常常会因此而感到难过，见到晒娃晒婚纱照的就恨不得屏蔽。在她们眼中，满世界都是别人的幸福，使得自己的羡慕嫉妒越发明显，而空虚寂寞冷也对比得无处遁形。有人问过我：为什么别人的幸福都来得那么轻易，而我的幸福却如此艰辛？

我前一段时间去丽江找朋友玩。朋友来机场接我，在回客栈的路上，我们叙旧。她突然说很羡慕我们在北京的一个同学，说她嫁得好，不用工作，看起来很幸福。看她的言谈间艳羡之情溢于言表，我想了想，决定还是告诉她真相。我说不必去羡慕别人，每个人都有自己的难处，生活永远没有一帆风顺，你羡慕的这个女同学，从结婚就开始想要孩子，已经努力了五六年都没有结果。她也不是不想出去工作，是她老公比较没有安全感，不过现在已经好多了。朋友听了颇为惊讶，而后沉默。

是的，在这个世界上，每个人其实都过得挺不容易的。李嘉诚有李嘉诚的烦恼，流浪汉有流浪汉的辛苦。没有完美的世界完美的生活，故事总是在最美好的时候戛然而止，而生活却在柴米油盐中继续。在每天看似欢乐的生活后面，你若仔细探寻，总会看到其他一些什么。幸福的大团圆结局后面，是真真实实的生活，是把完美面纱撕开来，暴露出后面的反转剧情。

　　表嫂有一天突然在一大堆孩子的视频和照片里发了一条朋友圈说，她产后先是得了躁郁症，后来变成了抑郁症。就那么一条，轻描淡写的，我已经感觉到了她生活的另一面。她为了家庭，放弃自我，没有自己的圈子，没有自己的事业，一切都为了孩子和老公。很多时候她看着孩子茁壮成长，心里是幸福和满足的，但是还是免不了有一些时候，有那么一些失落和不开心。

　　表弟老婆得了子宫肌瘤做了手术，然后我发现不知从何时开始，她每天发的朋友圈都是各种励志鸡汤，加油做更好的自己，直到有一天我听说表弟爱上了别人。一个男人最大的优点往往就是他最大的缺点，就像他曾经爱上她一样，他的移情别恋也是那么坚定不移，九头牛都拉不回。而她还是强作欢颜，努力让自己看起来不那么悲情。每天她依然兴高采烈记录自己的生活，甚至比从前安排更多的节目和聚会，减肥打扮让自己越来越美，但是每到夜晚的时候，卸下白天的伪装暴露出脆弱的自己，她边自斟自饮边独自垂泪。

　　嫁去外地的闺蜜，时常会转一些"男人当你明白这些道理的时候可能就晚了"之类的朋友圈，后来侧面知道，结婚以后她老公常常忙着应酬很少回家，连孩子也不怎么管。她发烧在床上，他也不在身边。打电话给他，他只说忙。闺蜜想不通，为什么当初追自己追得那么凶的一个男人，如今却判若两人？

　　至于我那个发小，结婚一年后她老公出轨被她发现，两个人沟通无果最后还是离婚了。男人说不想一眼就看到自己几十年之后的生活，并说若不是她逼自己，自己根本没想过这么早就结婚。发小耿耿于怀的是，如果他当初根本不想结婚，为什么最终还是要答应我？

　　在外人眼中，他们每一个人都很幸福。至少没有实际上那么痛苦。家庭和睦，有车有房，夫妻恩爱，衣食无忧。但是只有我这个朋友圈里的人知道，她们每个人都曾经经历或者正在经历着什么。

前阵子我在北京的朋友家小住，单身了很久的女性朋友早出晚归，下了班带着一身疲惫洗澡换衣服，然后坐在沙发上抽着烟跟我说，她也不是没想过要找一个人结束单身生活。有时候其实特别孤独，尤其在偌大的北京，忙了一整天晚上开车在回家的路上的时候，心里一点奔头都没有。家里黑着灯，房间里没有人等着，回到家里也是面对空荡荡的墙壁，说话都仿佛可以听到回声。

尤其是遇到委屈心情不好的时候，连个述说的人都没有，只能把自己蜷在被子里哭。打雷下雨的时候，躲在厕所里刷马桶。可是想到身边那些结了婚有伴的人，其实也没过得有多好，找了老外生混血娃的，因为生活背景不同，两个人现在除了孩子之外已经找不到什么话题了。姐弟恋的，因为男生赚钱不多又好面子，女方想过生日的时候开个派对请朋友吃喝玩乐一番都放弃了，为了怕男孩伤自尊，连生日礼物都免了。平淡过日子的，男的回家就玩游戏，女的回家就想睡觉，周末看看电视节目，基本没什么可以交流。她说，这样想想，还不如我一个人过。

感情就像围城。外面的人郁闷，里面的人也未必有多开心。人会变，感情也会变。当然，开心的时刻还是有的，所谓幸福的夫妻，不过就是开心的时刻大过了所有不开心。世事跌宕起伏，谁都不知道明天会发生什么，在平静的日子里，那些涟漪荡漾之后，又重新恢复平静。

在时间的洪流中，每个人都那么平凡普通，毫不起眼。在你来说，发生了天大的事情，在外人眼中，也不过就是一个当日新闻。每天的信息量如此之大，今天的头条，明天就被人们遗忘。所以，真的不必在意别人会怎么看你怎么想你，别人其实也不过就是茶余饭后打了一个饱嗝而已。

在上帝的视角里，天底下发生的任何事都是小事。在人类视角里，其实除了生死，世间事也都是小事而已。我那个离婚的发小最近她在朋友圈发了新男友求婚的照片，我被满屏幕的玫瑰花，心形蜡烛，钻戒，还有热吻刷屏。而我只回了一句：祝你好运。

在一切变好之前，我们总要经历一些不开心的日子，这段日子也许很长，也许只是一觉醒来，所以耐心点，给好运一点时间。好运不会总是降临在你身上，你的努力是唯一能让你站住脚跟的依靠。

# 小心你的拖延症

你懒惰，你拖延，你堕落，以后要付出的就越多，以后要负担的就越多，所以，别说现在的生活并不是你想要的，但确实是你自找的，人生的很多不如意，并不是你运气不好，不是你不够漂亮，不是你没有机会，多是因为你自己。行动是治愈恐惧的良药，而犹豫、拖延将不断滋养恐惧。

小蔓刚租了个新房子，因为原房子要到期了，她急着租了一栋很老的居民楼里的小单间。那里其实并不是很好，只有简单的几件家具，为图便宜，就没让房东配家电。小蔓心想着，反正这里也是权宜之计，过多几个月，再找个好一点的地方。结果，在那里一住就是好几年。每晚下了班，高跟鞋一扔，人就往床上躺着。因为地方小，做饭也麻烦，干脆就叫外卖。

小蔓总是想，等我忙完这阵子，我再找房子吧。可是她的工作一直很忙。偶尔她也抱怨住得不爽，比如天气热房子不透气，每天吃外卖很烦等等，可是她也这么过了几年。

小蔓曾经约好和大学闺蜜在毕业前一起去旅行，但一直只停留在说。现在毕业好几年了，闺蜜都快结婚了，两人都还没有去旅行。不过两人也没有说要去哪玩和具体时间，所以也谈不上失约。那就像一个待完成事项，但是没有deadline，更像一个难以实现的目标。

不知道你是不是也有像小蔓这样的经历？买了N年的书，一直在书架上积灰尘。说了多少年要去学的技艺，一直停留在说的阶段……我想，可能我们是患了"人生拖延症"。

什么是人生拖延症？

拖延症是把我们计划中要做的事一直推迟，而人生拖延症的事情，那些事并非要去完成的任务，而是我们有意愿想要去做的事，完成这些事带给我们的收获可能是生活质量的提高、实现愿望的满足感、骄傲的感受。搬一个更好的房子，读一本一直想读的书，去一次想去的旅行，没有它们，日子依然可以过，但你知道如果能完成它们，会是一件很棒的事。

小蔓的房子就好像我们的人生。我们对它有很多不满，我们想把它和自己变得更好，但总是因为各种客观原因，主观并无限期地把那些可以去做的事往后推。在心理上认为这件事我"迟早"会去做，可是这个"迟早"是遥遥无期的。我们明知道这件事对自己很重要，很有意义，但是却始终无法踏出第一步。

为什么会患人生拖延症？

为什么我们要患上人生拖延症呢？我的理解是，因为你内心价值观并没有真正意识到这件事的意义，没有从心底里真正渴望去做好这件事。你的心都不动，人怎么会行动？如果你自己不从心里去渴望做这件事，我想没有谁能帮你去完成这件事。

懒惰是人类的天性。如果不是因为懒惰，也会少了许多神奇的发明。可是，世界上有很多事是不能取巧而来的。罗马不是一天就建成，马甲线也不是一天就能练出来。生活的真相是，有很多事你不想做，却又必须重复去做，比如早起，你还想再睡会吧，但是你就是得上班得起床。而有些事你想做，却没有做。你说挤不出时间了，太难以坚持等等。多少人对想做的事一再拖欠，却对不得不做的事交上合格分，在这些拖沓中，茫然地度过了每一天。当你回忆过去时，可能不是很骄傲自己做过什么，而是为什么我没有能做那件事，有着太多遗憾与悔恨。

怎么解决人生拖延症？

正如前面所说，解决人生拖延症首先要看你自己。如果你不想去做，如果你觉得自己也没什么拖延的，那我们自不必谈论这个问题。从我的个人理解上，首先我们要解决几个问题才有可能改变。

1. 改变你对这件事情的认识，感受背后的东西有多大诱惑力。

像小蔓，虽然一直诸多抱怨，但是因为她就每天晚上回来睡个觉而已，并没有对居住环境有多少期待，虽然并不是完美的，但依然可以维持基本的生活所需，因此小蔓对新的住所并没有多少渴望。假如她换了房子，依然还是这样的生活方式，那也并没有多少转机。她并没有真的认识到自己为什么要去这件事，做了这件事是不是能给她生活什么变化，因此她也就不会主动去改变。

改变你对一件事情的认识，告诉自己去做这件事能够给自己带来什么，并感受背后的那些东西对自己的诱惑力有多大。比如为什么我要把英语学好，是帮你获得更好的就业机会，还是让你认识更多人，或者你只是因为喜欢多掌握一门外语。就像我们喜欢周末，只是因为周末意味着可以休息、娱乐、玩耍。想清楚你为什么要做这件事，它能为自己带来什么，那些收获是你想要的吗？它背后的诱惑力大吗？人是无法抗拒诱惑的动物。

如果答案是肯定的，那你可以好好想想。如果答案还不确定，那不要白费力气了，找点其他的事来玩吧。

2. 确定后，把要做的事情拆分出来。

当你确定后，把你想做的事分解下，可以通过哪些台阶一步步到达。很多人都向往去西藏骑行，很多骑友是从半年前就开始制定了训练计划。每一天要跑多少米，要骑多少公里，要保证多少运动量。当你做完这些，你的体能也就跟上了。那时候，想要去西藏就变成一件容易达到的事了。

有时候，我们觉得一件事很困难，因为这件事可能本来就是要打持久战的。所以如果不把这件事拆开来做，光是想想，连第一步都无法踏出了。

想让自己每周有时间都去图书馆看书，一想到每天都要去，你可能会觉得太难。那就把思维反向一下，换成这周去一次图书馆，专心看书，下周就不去了。两周后你觉得可以再多一晚也无妨，慢慢地坚持下来，它就变成你的一个习惯。之前有人说，当你把健身这件事变成习惯后，就不需要用坚持，因为你会自然而然地去做这个事。

3. 列一个清单，享受打钩的快乐。

以前我在找工作时，我列了我对未来工作的几点期待：地点、什么样的企业、什么类型的工作内容，薪酬等等。后来当我离职时，我发现那些期待都达到了。我才发现，从一开始写下了期待，你的选择就有了导向性，你会根据你想要的去为你面试的企业打钩。甚至不知不觉中，你会让你的工作往这方面改变。

做事情，道理也是一样的。把那件想做的事，分解成一个个在清单上的事项。想去学画画，先了解下画画的一些知识，看一下自己到哪个水平，要不要找个老师或报个班去学，大概学习多久，自己要坚持多少的练习量等等，每次完成一件，就在清单上打个钩。这是一件你想去做的事，那么去完成它该是一件多么美好的事。美好是不应该被辜负的，每打一个勾就好像给自己盖上一枚邮戳！

我们常常活在羡慕他人的情绪里。袁珊珊被黑了多年，但是因为健身练成了马甲线，一下子受到网友们的热捧，纷纷从黑转粉。大家都知道健身并不是一件容易的事，人们羡慕的事，大多数是那些大家都知道好，但是难以坚持做好的事。

人性很奇怪，因为懒惰，所以我们羡慕那些不懒惰的人。其实他们可能不是不懒惰，只是将勤奋放在那些有高附加值的地方。把你的精力和心血放在那些更有价值的事情上，放在那些你真正想做的事上，不要给自己那么多理由和借口去逃避，直面那些你想做的事，像庖丁解牛一样把它拆了，分解成每一件重要的小事，列在清单上，一个个去完成，一个个去打钩。当你爱上打钩的快感，就不再是人生拖延症患者了。

人生最可悲的事情，莫过于胸怀大志，却又虚度光阴。觉得自己不够聪明，但干事总爱拖延；觉得自己学历不漂亮，可又没利用业余继续充电；对自己不满意，但自我安慰今天好好玩明天再努力。既然知道路远，那明天开始就要早点出发。该做的事就立即行动吧，没有一件事会因为你的拖延而变好的。

# 善良能为你带来更多

做女人，可以让人初觉不好看，久处却耐看；可以傻点，但脾气要好点；可以学识少些，但多少要读些书；可以笨嘴拙舌，但要懂得倾听和理解；可以去依赖某人，但离开他能够独立；可以目光短浅些，但一定要有目标和方向；可以置身浊世，但一定要心地善良，这是女人最美的通行证。有一天你会明白，善良比聪明更难得。聪明是一种天赋，而善良是一种选择。

周日起床没多久就打算去买菜，出门的时候已经是11：30了，我以为的早上显然已经不存了，于是匆忙地挤进了电梯。

电梯里是楼上的阿姨，她看到我拉着拖车说，这是去买菜吗？我点头。她说怎么现在才去买菜呢？都快中午了，菜都不新鲜了。我说因为今天早上起晚了，所以现在才出门。她再次上下打量我一番说，怎么能到这么晚才起来呢？一定是昨天晚上熬夜了吧，晚睡了吧？年轻的姑娘怎么不注意身体。我十分不好意地说，您说的是，我下次一定注意。阿姨接着说，我家的女儿跟你年纪应该差不多，她每天都六点半起床，去跑步，就连周末都不会睡懒觉。上班也从不迟到，工作十分努力，现在已经是公司经理了。

我一直盯着电梯数字，希望它快点到1楼。待电梯门打开的时候，我一溜烟地冲出电梯门，只听阿姨在后面喊道：女孩子家的，走路不要那么莽撞，一点都不优雅，我女儿就从不这样……在买菜的整个过程中，我都在懊恼为什么我要睡懒觉呢？为什么我不能每天六点半起床呢？以至于这样的连环反应让我个一天的心情都在自责与觉得自己不争气中度过。

晚上跟姐姐讲着早上电梯里的"被教育"的经历。她说，是不是那谁谁阿姨，我说是的。她说，这个阿姨不光有个"很厉害"的女儿，还有很了不起的儿子和孙子，我说你怎么知道。姐姐说因为时常带小孩下去玩的时候遇到她，她都在跟别人讲自己的孙子如何的好，穿的什么牌子的衣服，用的什么东西。然后说别人家的小孩养的如何的粗糙。后来，这个婆婆在这里朋友越来越少了，因为大家都不想被"刺激"了。

我回想着在电梯里被阿姨教育的场景，我相信她说的都是真的，她家的女儿也许真的十分优秀，孙子也许有养的十分的好。但是，总是拿着这种优秀与好去对比身边的人的不好，这是会让人难过的。至少，这是不善良的。

姐姐愣了几秒后说，听你这么一说，真的十分有道理，至少我现在极少愿意去跟这个婆婆聊家长了，因为她总会让人觉得自己的生活一点都不美好。也许她不是故意的，但是她所表现出的优越感总是让人不自在的。如果说这真是叫作不善良的话，那么我曾经也做过一件有些不善良的事。姐姐有些羞愧地说。

她曾经有个关系极好的女同学，从初中一直到高中都一直在一起读书，分享学习和生活中的所有的事，简直就是无话不谈。大学时，她们分开了，姐姐考了一本名校，而那个同学只去了三本偏远学校。姐姐依然保持着跟她分享生活学习中的事，学校又来什么名人了，又考了什么证了，但是一次次的，那个同学从最初的嗯嗯啊啊的回应，到最后的时常借故有事而中断通话，或者不接电话，也不网上联络。以至于这个同学，也不参加同学聚会，极少听说她的消息。姐姐并不知道这是为了什么。

姐姐当然没有故意要在她面前炫耀与显摆读名校的想法，她当时只是想要跟从前一起，一起分享生活的点滴。而这一切，对于一个读着不好的大学不好的专业的女同学来说，每次的分享无疑都如一把把尖刀刺向她脆弱的内心。这样的心情，是前两年这个女同学才说出来的。

尽管她们两个现在已恢复了友好的关系，但是，在那几年不对等的分享交流中，那种青春的敏感和无意造成伤害是极难弥补的。而至少，让姐姐明白了善良的真正含义以及善良该有的行为，有时候或许它不是一味向一个两手空空的人去分享你有多少的收获，不是向一个活的粗糙的人展示你的日子的精美。

我想起昨天晚上看文章时，有人问到真正的美是真的美而不自知吗？其中回答者睡时猫回答的十分精彩，他是这么回答的：亦舒对林青霞的夸赞，她说：一个女孩子，美成这个样子，却又完全不自知。美而不自知，才是美的最高境界。我想这句话，并不是说的林青霞真不知自己生得美。

她纵横影坛数十年，从绝色佳人演到妖姬侠女，影迷与追求者车载斗量，她怎会不知自己美貌？只是她不曾刻意利用这美貌。她不曾时刻卖弄风情，也不曾因此盛气凌人。简单讲，她不曾恃靓行凶。她极美，她自然也知道自己极美，然而她却像不知道那样，春风化雨般面对世界与旁人。我想这才是亦舒赞誉的真正含义。这的确是美丽的最高境界。

当我看完这个回答时，我也觉得这样真的是美的无与伦比。而这样的不光是美，更是一种善良，一种爱自己与爱他人的善良。我的朋友燕双结婚的时候，我送了一笔"巨款"作为礼金，是的，一个四位数的红包，是我至今送出去最多的红包了。姐姐问我为何以她如此重视，我说，因为她是一个善良的人。

修行，不是追求完美，而是坦然地接受残缺。修行，就是宽容，用一颗善良的心成就一切美好。人生最了不起的四种心境：痛而不言、笑而不语、迷而不失、惊而不乱。无论世界是否待你温柔，请保持住你的善良，好运会与你不期而遇。

# 别找了，根本就没有捷径可走

　　任何事情，没有坚持3个月以上，就没有发言权！没有坚持3年以上，就不能说自己懂！没有坚持7年以上，就不可能是专家！没有坚持10年以上，就不会拥有权威！没有坚持一辈子，就不可能有所成就！选择自己想做的事情，每天重复做，能坚持下来的人，定会成为某一领域的领航者。所有的成功，都来自于不倦的努力和奔跑；所有幸福，都来自平凡的奋斗和坚持，你无法找到捷径。

　　周六大清早，和几个朋友在网上打联机游戏时，被老妈催着去窗帘店取一个配件。窗帘店按正常路径离我家相隔不过三条马路，大概四公里左右。

　　当我很不情愿地开着车出小区，准备过第一个红绿灯时，瞄见右拐处的那条小路。我记得有次晚上和朋友开车穿过这条路，不算陌生，心想走这条路至少可以省七分钟，一来一回省十几分钟，可以早点回家继续"战斗"了。心想的功夫，车头右拐一下，就钻进去了那条小弄堂。

　　这条小路是单行道，路两旁是密密麻麻的居民区，从这里到窗帘店那条街上，需要穿过五六个小胡同。今天运气不好，拐到第二个小胡同时，遇到一户人家筹办喜事，路边停了大概三四辆车，我一看过不去，就想往回倒，可是后面不知什么时候跟了辆面包车。没辙儿，只能下车好声好气跟他们商量挪一下车。

他们看我一个女司机，便很爽快地将车拐进旁边胡同，让我直行过去。可还没放松一分钟，只见前面乌压压的人，原来胡同尽头有个小庙，今天竟然是香主的集会，三三两两的电车、自行车、汽车基本将路占满了，移动根本没可能。

弃车步行明显不现实，我后面还有等着过的车辆。全体往后倒也不行，办喜事那家子的胡同根本过不去。没任何指望，就只能等了。

就这样，8点出门，12点才从胡同拐出来，走大路的话只需要15分钟，我抄个小道整整用了4个小时——这就是走捷径的代价。

想到周围生活里也有很多姑娘觉得干得好不如嫁得好，硬生生逼自己走上一条整容上瘾的不归路。她们觉得容貌就是变成白富美、嫁给高富帅、登上人生巅峰最大的筹码，认为女人年轻貌美是走向成功最便利的捷径。

不可否认的是，社会上有些许貌似成功的例子，给千万个姑娘们一个坚信自己可以成功的理由。但她们不知道的是，那些成功里包含着太多的偶然和不确定，甚至风险和教训，而这恰恰是那些前仆后继的姑娘们永远不会知道的。

我有一个女性朋友，去年报考了县城税务部门的公务员。她告诉我时，我直接劝她别浪费时间和精力了。大家都知道，越小的地方越存在潜规则，有点权势的人都愿意走捷径，像税务部门这种热门岗位，狼多肉少，怎么可能轮得到她那种没背景、一穷二白的应届生呢？

一根筋的她不听我劝，说是不信这个邪，便一头扎进轰轰烈烈的备考中。三个月后，我得到了她的好消息，以总分第一的成绩被录取了。

她说她知道这类考试很多有关系户在面试环节找熟人，所以她笔试时努力考了一个甩第二名几条街的分数，本想着面试成绩即使低点也能考上，结果面试时由于她优异的表现，考官很满意，直接给了她一个高分。

最后，在我的祝贺中，她坦言生活对很多人是不公平的，毕竟我们作为普通人，抵不过二代们。我们既然走不了捷径，那就别想着捷径了，踏踏实实走好每一步，生活总会给你一份满意的答卷。平时觉得挺鸡汤的话，但是此刻我对着电话猛点头。

周末在家换台时换到《婚姻保卫战》，刚好听到这么一句："人啊，不能老想着走捷径，你以为你抄了个近道，弄不好是个岔道，一不小心就误入歧途了。天上掉的馅饼也不能要，都是老天爷不爱吃才扔下来的，不定藏着什么硌牙的家伙儿呢。"我对着电视又一顿猛点头。

无论是在健身房中挥汗如雨，还是白手起家积累财富；无论是用心开始一段新恋情，还是在初级滑雪道上练习转弯，你必须要下苦功夫去完成应该做的事。而许多人太急于成功，他们愿意选择眼前能够想到的任何一条捷径。但事实上，捷径通往的常常是失败而不是即刻的成功。

## 奔跑时请带上你全部的勇气

人生这次旅行的起点我们不能选择，而终点我们不能阻止出现，过程却是在我们自己脚下。没有一条路没有风雨没有坎坷，也没有一条路始终是黑暗没有光亮。不管是阳光灿烂还是风雨交加，既然选择了就得走下去，要想走的好，那么只有随时保持足够的信心和勇气，才能不断前进，寻找到更多更美好的风景。

[ 1 ]

我们好像常常听到这样的话。

"隔壁邻居老王家，其实他儿子也没啥本事，他们不就是赶上了好时候多买了几套房么，但是现在日子过得滋润的，收收房租就比别人辛苦上班还赚的多，他们其实也就是赶上了好时候而已。"

"我那个大学同学，就没正经上过班，研究炒股投资什么的，他也就是正赶上了那个时候股市的黄金时期，那时候炒股，连菜市场大妈都赚钱好不好。"

"张阿姨家儿子当年也就是读了个很一般的大学，但是人家赶上了互联网大潮啊，那时候谁要去什么阿里巴巴啊，听听名字就不是什么好单位，他也就是赶上了，结果马云一上市，他儿子瞬间就财务自由了。真是赶上了好时候啊。"

然后，也常常听我们父母那一辈说这样的话。

"我们当年就是没有机会，哪里有你们这样好的条件，连考大学的机会也没有，那些比我们小的，后来恢复高考后，他们真是赶上了好时候。"

但是，他们也从来都没有提到过，他们的同学们，也有一直在努力念书，从来没有放弃过，等到恢复高考第一年，就顺利考上了大学。

[ 2 ]

为什么赶上好时候的永远是别人？

为什么别人，在该买房的时候买了房，该炒股的时候炒了股，该下海的时候去了深圳，该投身互联网大潮的时候去了阿里巴巴，而如今投资人有的是钱就是缺项目的时候，他们又刚好创了业？

驻外圈也有句经典的自嘲段子。很多驻外的人，无论是外交官，还是援建的建筑工人，都会感慨，一个人漂泊在外，孤苦伶仃，然而多挣的一些钱，还不够房价涨的呢！

仿佛我们普通老百姓，或者说自认为不投机倒把，想要靠自己的双手勤劳致富的良民，永远都赶不上好时候一样。

[ 3 ]

最近在美国，加州永远都是阳光灿烂。闲来在圣地亚哥的海边跑步，某一天突然好像找到了答案。

圣地亚哥海边有很多冲浪的人。男男女女，老老少少都有。拿着冲浪板的时候都特别帅气。

经常能看见把冲浪板放在一边，自己面朝大海做着简单的伸展，准备活动的姑娘，转眼间，就冲入海浪里，站在浪尖上，随着海浪，起起伏伏。

每一次被更高的浪花吞没，下一秒又能看到她站在下一个浪尖上。

在巴西的时候，也有很多冲浪的人。但是我始终觉得巴西的海边太美，虽然是大西洋，却和加勒比海边一样。蓝绿色的大海，像宝石一样耀眼夺目，然后你再看它的浪花，竟也显得温柔随性。在巴西海岸线上冲浪的人，就像是表演艺术体操一样，蓝天，碧海，和冲浪的帅气小伙，像一副绝美的油画。

但圣地亚哥的海边，太平洋是深深浅浅的蓝色，海浪很大个，说不上汹涌，但特别有力量。在圣地亚哥海边，你能感觉到冲浪是一种竞技运动。和艺术体操不一样，在这里，冲浪是竞技体育。

竞技体育的美在于它是一项激烈的运动，让旁观者也能一下子被激起肾上腺素，让人看了跃跃欲试。

但是，在海边跑步的我，这个念想也就是一闪而过。然后就被接二连三的所谓"理智"给打败了。

冲浪？

别开玩笑了！我连游泳都不会。

但我又转念想，那么那些会游泳的小伙伴们怎么也不敢去冲浪呢？

我问了他们，他们说，他们不敢。

[ 4 ]

不会游泳的意思是，我没有这项冲浪所必须具备的基础技能。

都还谈不上冲浪所需要的高级技能。会游泳，只能保证你具备在海里不沉下去的技能。你只有具备了这项基础技能，你才有资格开始学习冲浪这项需要更多技能的运动。

就像很多公司的招聘启事里写，需要你能说流利的英语。但不代表你英语流利就能胜任他们的职位了，这只是一项基础技能，你一旦不具备，那么你连简历关都过不了。

而会游泳的小伙伴，他们说，因为他们不敢。

不敢是什么意思呢？

冲浪是一项有风险的运动，在需要大量的基础技能加高级技能以外，也需要很大的勇气。有风险的意思是，你掌握不好平衡，有可能会被海浪吞噬，最小的风险是喝几口海水，而大海毕竟不是个大的游泳池，在大海里冲浪是真刀真枪的，当然你也有淹死的风险。

面对风险，很多时候，我们不敢跨出那一步。

想要离开稳定但鸡肋的事业单位，我们不敢，因为我们不敢到一个胜者为王，市场竞争的环境里，一条柔弱的小鱼，还是待在游泳池里吧，温水游泳池，虽然看得见周围四方的天，四面的墙，但是有固定的饲料，游泳池里的小鱼，缺少很多在大海里生存的基础技能。

想要离开高薪的工作自己去创业，我们不敢，因为我们不敢到一个你死我活的商场，再也没有五百强的光环，没有优渥的出差条件，和五星级酒店，商务舱说再见。我们贪恋温暖，我们惧怕风险。

[ 5 ]

可是这个世界上没有一种生活，既新鲜刺激，又没有丝毫的风险。都是高风险，高回报。没有一种工作既能够朝九晚五，又能够浪迹天涯。

道理都懂，而我们为什么依然瞻前顾后，依然唯唯诺诺，依然想要改变，却跨不出那第一步？

因为我们不会游泳，因为我们不敢去冲浪。

确实只有这两种。

要不就是因为我们没有技能，要不就是我们没有勇气。

技能和勇气，缺一不可。

那些早早买房的隔壁老王们，他们不仅仅是赶上了好时候，也因为那个时候，他们就有了原始积累，并且有了投资的眼光，他们选择了有风险的投资，而不是储蓄。

那些改革开放后，下海赚到第一桶金的商人们，他们不仅仅是赶上了好时候，也因为那个时候，他们自己有本事有能力，并且有勇气有魄力，辞去了大锅饭的工作，只身下海。

那些赶上互联网大潮的年轻人，他们不仅仅是赶上了好时候，也因为那个时候，他们有着聪明的头脑，编程的技术，并且他们敢于踏入一个一开始并没有那么被看好的新兴行业。

总有人永远都站在时代的浪尖上，一个大浪过去，也许打得人仰马翻，但下一个浪花到来的时候，他们又骄傲地站在了浪尖上。

我们羡慕他们，嫉妒他们，我们说，他们不过是赶上了好时候，这也许是我们最无力的自嘲。

因为你发现，那些会游泳，并且足够勇敢的人，他们一直都站在浪尖上。

最勇敢，最能干的人，才能看到最美的风景。


如果老天善待你，给了你优越的生活，请不要收敛了自己的斗志；如果老天对你百般设障，更请不要磨灭了信心和向前奋斗的勇气。当你想要放弃了，一定要想想那些睡得比你晚、起得比你早跑得比你卖力、天赋还比你高的牛人，他们早已在晨光中，跑向那个你永远只能眺望的远方。

# 前行路上，
# 不忘初心

————•————

**5**

每个人在都希望自己可以不忘初心，

在岁月打磨下，

变得越来越好，

不过，

有没有人后来真的百分之百

保证自己真的变成了自己喜欢的那样？

或许有，不过我目前还没碰到过半个。

# 前行路上，不忘初心

　　每条路都是孤独的，慢慢地你会相信没有什么事不可原谅，没有什么人会永驻身旁，也许现在的你很累，但未来的路还很长，不要忘了当初为何而出发，是什么让你坚持到现在，勿忘初心，丢失的自己只能一点一点捡回来，也许每一个人，要走过很多的路，经历过生命中无数突如其来的繁华和苍凉后，才会变得成熟。

## [1]

　　以前从未想过自己会因为时间、经历忘记初心，变成自己鄙视的那种类型的人，而且感觉这样的事情在大学期间不可能会发生在自己的身上。

　　可是就在前几天学妹来问我事情，问完之后忽然说了一句："哥，你发现没有，你变了？"

　　听到这句话后，停了几秒，我问她："你感觉我哪里变了？"

　　学妹回道：也说不出来，你哪里变了，不过从这学期开始就感觉你变化很大，可能是长时间没见的原因吧。

　　回去后自己一直在想这个问题：我真的改变了吗？是变好了还是变坏了？

　　在这个问题纠结了自己好久之后，和朋友说了这个事情，朋友说："在大学这个小染缸里四年，你怎么会不改变呢？"

　　当翻开大学期间写的日记，看着这几年发生在自己身上的一件件事情，一段段感慨，发现自己真的变了，变成了自己不希望成为的那种人，变成了自己曾经鄙视的那种人。

[2]

因为高考失利，也因为自己的任性，大学来到了一所之前从未听过的学校，想着即使自己这样，只要凡事积极，珍惜每一次机遇，四年后自己并不会比高中同学差多少。

于是，我开始规划大学四年生活，希望可以通过完成一个个既定的目标去度过一个充实的大学生活；

于是，我成为了大学同学眼中的学霸，每次背包出去都好像只是为了学习，好像我的大学生活就只剩下学习一件事情；

于是，我开始改变书呆子形象，开始尝试做其他事情，做自己想做的事情；

于是，为了增加自己的社会经历，去认识更多人，我开始慢慢消失在同学的生活里，活跃于各种大型活动之中；

就这样，自己在各种事情中稀里糊涂地度过了大学生活，原本以为自己经过四年大学生活时光的打磨会变得越来越好，然而事与愿违，四年后再回首自己所做的种种事情，却发现，自己已离初心越来越远，与此同时，自己也慢慢变成了曾经自己鄙视的那种人。

[3]

当我刚入大学时，自己想要凡事敢为人先，即使自己不愿做的事情，也会咬咬牙做下去，可是曾经的年少轻狂总要付出一定的代价，毕竟枪打出头鸟，在经历多次打击和挫折后，自己的棱角慢慢被磨平，不愿再去做任何没有价值或者对自己有益的事情；

当我刚成为学长时，自己希望可以用自己的经验，帮助更多学弟学妹，尽可能地给他们所需要的资源，让他们走更少的弯路，过更完美的大学生活。可如今，我却不愿给他们分享任何事情，给他们任何资源，即使有时候，这只是几分钟就可以搞定的事情，可如今却懒得分享；

当我开始频繁出现各种社会活动时，曾想着带身边的同学多参加这些活动，参加各种比赛时，曾想着这样可以帮他们一下，拓展一下见识，在自己的简历上可以添上一点儿东西，可是在被同学一而再再而三的放鸽子后，自己也开始变得自私，自私到不会和身边同学分享任何事情，不会告诉他们任何可能对他们有用的活动；

## [4]

四年前，自己曾幻想毕业后，可以拥有一帮很好甚至是可以推心置腹的朋友、兄弟；幻想着自己可以给身边的人留下一些东西，甚至只是美好的回忆也好；幻想着自己可以帮助身边的人变得更好；也曾幻想着这个世界因为自己可以变得稍微好那么一点儿，哪怕就只是一丢丢。

可是世事难料，你永远无法预料到你的人生以后会出现什么变化，真的，有时候，就想射箭一样，你明明瞄准了，而且很笃定自己会百分之百命中，没想到箭射出去，还没射到红心就被一阵突如其来的风刮走了。

每个人在都希望自己可以不忘初心，在岁月打磨下，变得越来越好，不过，有没有人后来真的百分之百保证自己真的变成了自己喜欢的那样？或许有，不过我目前还没碰到过半个。

　　我好希望有机可以变成自己曾经希望成为的那种人，我也好希望自己可以帮助更多的人，可如今我却变成了自己曾经鄙视的那种人：自私自利，利益主义者。唯一庆幸的是，在这条道路上，自己还未曾走远，还有回头的机会。

　　亲，你有没有想过，你现在是否在成为你鄙视的那种人过程中呢？如果是的，不妨想想原因，看是否还能回头吧！

　　日子还那么长，不要遇到一点烦恼就觉得活不下去，不要因为有人离开就觉得孤单寂寞冷，谁说的准以后会怎样，撑不过此时就不会有未来的美好，也许你喜欢的人以后也会喜欢你，也许你以为再也见不到的人下一刻就能出现在你面前，保持初心，随遇而安。

# 别轻慢了每个细微之处

学会调整情绪，尽量往好处想，很多人遇到一些事情的时候，就急得像热锅上的蚂蚁，其实只要把握好事情的关键，把每个细节处理得得体就会游刃有余。小细节放大人品，要想成为高情商的人其实并不难，只是在日常生活中的每个细节都多为别人考虑一点点就好。用心做事，细节决定成败。

一位经理对我诉苦，说在昨天刚刚失去了多年的秘书。"莫名其妙就辞职了，没有任何预兆。真奇怪！这些年没少过她一分钱，也很少骂她，怎么就突然不做了呢？扔下一堆事没人接，真让人焦头烂额。"

说来也巧，过了几天，我与那秘书有事约见。原来她去了别的公司，我问了问新公司的职位和待遇，并没有很大的改善，难免好奇。

"一般来说，同等条件下，做生不如做熟，那么到底为什么会离开原来的公司呢？"

她想了想，摇了摇头："其实，没有什么大的原因，都是小事。"

她做他的秘书第一年，因为给他出去买饮料，被小偷划了包，家门钥匙和钱包都丢了，她强忍焦虑赶回去给他送饮料。他知道此事后哦了一声，并没多问，照常加班工作到下半夜才结束。她凌晨到家，找不到修锁人，只得在门外蹲了半宿，天亮了才跟邻居借了钱找人撬开门。

她的奶奶去世，得知消息那一天，她在陪老板跟外商谈判，她不敢影响工作，只好在午饭时躲在休息室的角落里偷偷哭。他还是看见了，问清原委后，说节哀啊！拍拍她的肩膀，然后让她帮他把合同取来。

他去某大学演讲，主办方拿来盒饭，她正巧去工作，回来发现饭菜都没了。他一脸茫然地说：啊？我忘记你没吃过了，让人都扔了。

她病了，在家里躺着，他给她打来电话说工作的事。她实在支撑不住，委婉地说："老板，我实在没力气说话了。"那边停顿一刻，说："哦，那我们发短信说吧。"

她在他身边工作了八年，她清晰背得出这个人的生日、血型、星座、住址、电话、饮食喜好……可有一次访问中，主持人无意间问起他，秘书是哪里人。他想了半天，迟疑着说：河南吧……下了台，他问她："我说对了吗？"她笑，"说错啦，我是山东人。"他也笑，却没看出她笑里的苦涩。

她要结婚买房子，首付差八万块，借遍亲友，却从未向老板开口。她知道即使开口，他也不会有任何表示。他认为她只是他的秘书而已：尽管她为他工作的时间和精力，甚至曾经超过为她的男友和家人。

"工作就算没有感情，但亦有人情，需要起码的维系。人与人之间如果隔了一百步，我辛苦走了九十九步，对方却连一步也不愿走，我也会放弃走出那最后的一步。不如花些心思，重新找一个愿意走五十步的人再合作。"

人情不是维系关系的唯一准则，然而却一定会是影响结果的准则之一。一句问候、一份手书、一次探望、一次站在对方立场的着想，反映的是珍惜与体谅。大事体现工作能力与工作资历，点点滴滴的小事，才是长久合作的坚实基石。

一对情侣，男生与女生在一起三年，却在第四个年头分了手。男生不解，去问女生原因。女生说："因为这三年你送我的生日礼物。"

男生费力地回忆着这三年女生的生日他究竟送了什么礼物。第一年，她过生日，他送了她一块手表。在此之前，她从没戴过手表，因为觉得又沉又热，很不习惯。他送了，她不好拒绝，只能收下，但从未戴过。

第二年，他送了她一只钱包，高兴地对她说："你看，是国际名牌的钱包，我上次出差去香港特意买的，你很喜欢吧？"她笑了笑，没有告诉他，这只钱包是去年自己帮另一个朋友选来送他的生日礼物，连缎带的颜色都没有变，只是他不知道而已。

第三年她的生日，朋友们欢聚一堂。有人送她最爱吃的糖果；有人送她心仪很久的玩偶；有人送八音盒，里面是她最常听的钢琴曲……他则送来一束鲜花。她说谢谢，然后收下：她没有说出口的是，彼时她已经陪伴他三年，他却完全不知她对花粉严重过敏。

她说："你看，三个生日，已经足够证明很多东西。手表代表你对我不了解，钱包代表你对我不真诚，鲜花则代表你对我不关心。这三点，难道还无法构成分手的理由吗？"

男生张口结舌，无言以对。

我家楼下有一间小花店，店主大约是很浪漫的年轻人，刚开业的时候，在店门外摆了一个大大的花瓶，还有一块纸牌子，上面写了一段话："予人玫瑰，指留余香。如果你今天心情很好，经过这里时可以免费带走一朵玫瑰。"在花瓶里，插满了大朵的玫瑰，新鲜欲滴，漂亮极了。

过了几天，我再经过那里时，却发现玫瑰少了许多，而且只剩下稀稀拉拉的几朵，半开不开的，看起来破败得可怜。我忍不住去问店主原因，那个帅气阳光的小男生一脸沮丧。"摆了几天花，每次放出去不一会儿，所有的花就都不见了。肯定是有人贪小便宜，顺手多拿几朵，甚至干脆抱一大束走，摆多少都不够拿的。"

再过几天，我再经过那里时，发现免费花瓶已经没了。门外的纸板上也换了话，冷冰冰的一板一眼："玫瑰二十元一束，不议价。"

　　我们从未在意过生活中那些微小的伤害和疏忽，以为芝麻绿豆，无伤大雅。然而千里之堤，溃于蚁穴，正是那些积郁成怨，积怨成殇，才会最终导致走到分崩离析的那一天。

　　情感坚固如铁，情感也如履薄冰，在每一段关系中，我们自以为心中有底，其实却如盲人骑瞎马，夜半临深池，九十九步都安然无恙，殊不知潜藏的危险已越来越近，下一步就可能彻底崩盘。积累在天长日久，结束却可能在一念之间。

　　生活总归仁慈，留下一手复活赛的可能。近日听说前文中那对分手的情侣又有新进展，男生重新开始追求女生。这次他一改风格，先去女生闺密圈子里打听女生喜好；每天早上给女生送去她最爱吃的小笼包当早点；下班请女生看她最喜欢的文艺片，不再像以前一样只看自己喜欢的武打片；女生过生日时，他亲手给女生做了一只发卡，配的是她头发的颜色。

　　我们问女生是否重新动心，她笑得很甜蜜，说还需时间和考验。但对方的确已经开始学会如何与他人用心相处，这是很好的事情。

　　有心人卷土重来，日积月累，结局未必没有惊喜。只是在这加倍付出的过程中，才明白所有的失去并非一蹴而就，所有的得到也并非一日之功。

　　细节决定结果，细节说明珍惜，细节亦成就每一份天长地久。

　　若害怕失去，就不要轻慢每个细微之处。

　　爱，成于细微，亦失于细微。


　　有时候分手真的不用发生什么惊天大事，对于女生来说，从来都只是细节里的爱情。你渐渐不再耐烦的语气、你越挂越快的电话、你越回越少的短信、它们慢慢累积，最后在某个你不在意的小小细节里感情分崩离析！爱是累积来的，不爱也是。

# 丢什么都别丢了你的勇敢

勇敢是，当你还未开始就已知道自己会输，可你依然要去做，而且无论如何都要把它坚持到底。世界愈悲伤要愈快乐，当人心愈险恶要愈善良。当挫折来了要挺身面对。做一个乐观向上、不退缩、不屈不挠、不怨天尤人的人，勇敢去接受人生所有挑战的人。

前天，和一个初中同学聊天。他说，自己所在的大学是个极容易让自己迷失的地方。我问，那你会不会很孤单，很颓废，甚至掉进被很多"优秀"同学瞧不起的坑里？他照常笑笑，说，孤单肯定是有的，可自己是心甘情愿被冷落的，甚至会故意冷落身边的人。

我非常不理解，问他那样会不会影响你的人际关系？没想到他竟然说自己不太在乎，所以能够被冷落也挺好，倒是省了太多不必要的麻烦。他的话如重庆的夜，带着高原传来的些许寂寥，让听了的人不免有了伤感。以前我以为他是比我幸福百倍的，至少他考上了好大学，还有了一个漂亮的女朋友，可是现在我却不这么想了。

不知从什么时候起，我们每个人身上都"赋予"了"迷失"的标签。不喜欢热闹，害怕在人群中孤独，喜欢一个人生活，喜欢特立独行。我们几乎每个人都过着别人眼中的生活，生怕离别人口中的生活太远，于是慢慢迷失了自己。看似我们每个人都拉手搭肩结伴而行，可我们谁又不是各自迷失着呢？我们总以为别人不了解自己，可是我们又何尝不是最轻易就不认识自己了呢？

在一群人当中，你总能听到这样的声音，"我不想迷失自己，可是如果我不带上漂亮的面具，我就会感觉到生活已经抛弃了自己，感觉到自己像在人潮人海的大街上裸奔"。我喜欢一个人很久了，不想失去他，可是我心里并不喜欢他要求的东西，放下担心他孤单，自己也不情愿……

很多时候即使我们内心有万般的不乐意，但却在行为上都表现出乐意、表现出迎合，这就是偏执化的自我。我敢说，每个人都曾难逃于此的矛盾。因为我们几乎都害怕被冷落的感觉，那样的味道一点都不好受，害怕没人陪伴，害怕"迷失"自己。于是我们都将就了，让自己的意志服从了他人的言语。可是，这样的自己，别人会喜欢吗？退一步来说，就是别人喜欢，那你自己呢？

对所有人而言，生活是个多面的东西，它是动词，是名词，还可以拆分为生和活。深究它的含义，最伟大的思想家都是没法定义它的。为了生活，多少人假装着自己有多高兴，有多繁忙，有多忧伤，有多人将原本可以的生活过得乱七八糟，阿谀奉承当做历练，随波逐流当做聪明，痴心妄想当做梦想，随意否定当做性格，却从不活在自己的审判里。

在我年轻时，遇到过这样的一个姑娘，她说，自己总是能够被他人的期望影响，以至于一点点的情绪都要斟酌万千之后再释放。她说自己很讨喜，朋友一大堆，在校学生会里当部长，自己会唱歌，会跳舞，会制作ppt，也能熬夜做活动，自己被评为优秀干部，已经被记载进档案里，各科专业课名列前茅……

但，她却说自己总是在一个人时孤单，深夜里讨厌自己，总想着以前那个单纯的自己。我想这样的情景，每个人都肯定遇到过吧。比如，一次班级聚餐，每个人都去了，为了不扫兴，你也一番精心收拾后去了，可其实你一点都不情愿去。或许因为，你还有一个好朋友等你吃饭。

再比如，一次游玩，大家都拿了最体面的酒，而你拿瓶自己爱喝的红茶，似乎就是不够合群，领导也会没个好脸色，同事就会设法让你迷失自己，其实真正去想，那根本就是嫉妒，嫉妒你有这个勇气喝喜欢的红茶。

要知道岁月静好，做自己喜欢的事才不会迷失。诸多的例子发生在我们身边，简直太多太多了。可是你已经迷失了这么久，自己还没参透，还以为那是长大了必须要做的事，还以为长大了就要花言巧语，就要随机应变。但其实那只是你不够优秀，不够成熟罢了。

我们经常会因为他人的情绪而隐藏自己，因为太害怕被淹没，于是迫切地寻求一种集体的力量，来衬托自己内心的坚强和梦想。说到底其实是没勇气放肆自己，没勇气遵循自己的内心，也没勇气改变自己。

人生路可以活得容易些，可以活得不容易些。你对自己越负责，就越有可能活得更快乐。只有这样你才可以在随时"冷落"自己，随时被他人冷落。唯有如此，你才能过自己想要而不是为了取悦他人难受了自己的那种生活。也许你也有无法坚持自己的时候，如果真有那个时候，想想小时候一酒瓶砸碎别人家玻璃的事，或许你还会有停止迷失自己的冲动。

生活是公平的，给了你许多迷雾的同时，也告诉了你最初的样子才是最正确的，真正迷失的永远只是不敢过随心生活的人。所以，我们每个人都需要"迷失"不重逢的勇气，毕竟不是只有努力就能笑傲江湖了。

一个事情来了，你没有勇敢地去解决掉，它一定会再来。生活真的是这样，它会让你一次次的疼痛，一次次地去复习这个功课，直到你学会为止。时间的长河总是以它的速度一直往前走，人生的一秒一秒都在成为过往。要勇敢地生活，坦然去面对所有的变化，不管是好的不好的，总是经历，总要挨过才会拥有。

# 做一个有趣的人

找个有趣的人结婚最好，这比钱财外貌所带来的快乐都要持久得多。
当然，有趣和好玩是两个概念。好玩是一种表象的热闹，有趣则是一个人
骨子里深藏的趣味。生活都会用平淡沉沦我们的热情，唯有情趣能让你跟
强悍的现实打个平手。有趣的人，一碗粥也能喝出玫瑰的气息。

很多人跟我说，感觉生活好无趣啊，干什么都没兴趣，自己是不是有
病？我想起以前的点点思考，分享给大家。

我刚毕业的时候，认识一个前辈，无论我们说什么事情他总会说："这
有什么啊。"然后就开始讲他所知道的关于此事的负面信息。比如说我们某
某公司好棒啊！紧接着他就开始跟我们讲这家公司的阴暗面。如果我们说这
个方案看起来创意太好了！他就跟我们吐槽这个创意多垃圾，简直就是"策
划一时爽，执行火葬场"。

开始我们听了以后会觉得，原来是这样啊……但时间久了，大家都不太
喜欢跟他一起聊天。因为不管我们说什么，在他看来都好腹黑，好无趣，好
黑暗，这个世界在他眼里充满了各种阴暗，一点值得别人学习和赞赏的地方
都没有，聊什么都特别沮丧。

我们很多人都会在不远的未来变成这样。年轻的时候，我们没有多少
钱，但因为见识少，看见什么都好玩得不行，去哪儿都晒，吃个冰棒都要

晒。但是等我们工作了几年之后，手上有点小钱的时候，见多识广的我们发现自己失去了发现有趣的眼睛。很多时候好吃好玩的一大趟之后，感觉就那样吧，没啥特别惊喜的。

我曾经有段时间就是这样，出国旅游好多次，感觉也就那样，无非压压马路逛逛街看看风景，完全体会不到小年轻们出去一趟high翻天的感觉；去什么高级馆子吃饭都没感觉什么惊艳的，吃啥都提不起兴致来；周围的人看谁都觉得一般般，听谁讲课都觉得不好不对，但自己也没多大能耐，高不成低不就的感觉。我发现自己变成了一个无趣的人。

那时候我很恐慌，还不到30岁就找不到人生乐趣了，世界这么大，别人都那么high，我都看不到美，难不成我要出家才能找到人生真谛了？是不是出家的人都我这么想的？我想了很久，发现自己变得无趣的原因，竟然是封闭了自己的内心。

年轻的时候，我们啥都不懂，啥也没见过，看什么都恨不得记在心里，想要拥有。跟一个能干的领导工作，只要能学东西，不给钱都乐得屁颠屁颠的。内心广阔，海纳百川，恨不得把全世界都抢来放心里。但当自己有点小能力的时候，看谁都不如自己，看什么都是垃圾。

看什么书都觉得作者写得太烂了，上课都觉得老师讲得很垃圾，出去吃个饭都恨不得能吵一架。生活压力大，心中充满了戾气，以及自以为是的快感，以为自己早就拥有了全世界，但看到别人比自己强又不爽，久而久之，开放的心态变成了自怨自艾和背后吐槽，开始坐在自己的小世界里兜兜转转，固守着自己的价值观，油盐不进。

你发现没，年轻时候的朝气蓬勃和有个好领导就高兴得不得了的心，早就消失得无影无踪了。取而代之的是对生活的厌弃，对自己无能为力的可气，以及对优秀的别人的嫉妒和内心的着急。可越是这样，越会觉得，跟自己不同的都是错的。嘴上口口声声说着"兼容并包"，内心比谁都故步自封。

越来越便捷的生活，慢慢变多的收入，解放了我们的双手，帮我们腾出了更多的时间，但也让我们无所事事，用钱可以买来一切服务的生活方式，也同时让我们失去了探索和发现生活的眼睛，也失去了那份看到更大世界的机会和心情。

我们家里在某个网站定了一年的鲜花，每个月都是送来一束。每次送来我都随手一插，三天之后枯萎扔掉，还一度觉得这花买的，也不能一周买一束啊，可怎么办好？后来有一天，我看了一本花艺的书，然后约了G先生一起去了花市，琳琅满目的品种，以及90%完全没见过的世界让我惊呆了，还超级无敌的便宜。花的世界有那么多艺术和讲究，而自己以前完全不懂，让我惊叹又好奇。我和G先生约好，明年不定花了，每个月来花市走一走，买一束自己挑选的鲜花。

生活里的情趣还需要自己去挖掘，打开内心是最重要的方式。故步自封，自以为是只能让生活永远停滞不前。天天在自己的小世界里，当然无趣极了。用双手和眼睛去发现世界，你才能慢慢变得有趣。你有趣了，你的生活才会有趣。


我见过一些人，他们也朝九晚五，有时也要加班，却能把生活过的很有趣。他们有自己的爱好，不怕独处；他们有自己的生活圈，也常聚会；他们有自己的坚持，哪怕没人在乎。我佩服每个能在平静生活中过出趣味的人。没有无所事事的人生，有的是无所事事的人生态度。如果内心贫瘠，换一万个地方生活都雷同。做这样的人：聪明但不自以为是，有趣但不哗众取宠，黑暗但不深不见底。\

# 学会正视你的孤独

一个人是需要孤独的，如果你忍受不了孤独，只能说明你内心还不够强大！很多人认为能证明自己的魅力在于自己有多少朋友，有多么好的伴侣，那么我只能说你真的还需要成长，一个真正优秀的人一定是朴实无华，甚至是谨小慎微的，一定是一个孤独者，因为只有静才能生智，而不是急！

一个周末早晨，我特意调了闹钟，一早醒来，买菜，做早餐，打扫卫生，忙到九点多，刚好打扫完，出了一身汗，看着窗明几净的房间，心里满满的成就感，心想正好再去洗个澡，看会书或电影，就可以准备做午餐了。这时，停电了。整片区域的变压器烧坏了，要等抢修。就这样，没有期限的停电，发生在我全身都是汗，忙活了一个上午，准备好好休息时，在南方可怕的夏天，在阳光曝晒的时刻。

那一瞬间，我要崩溃了。这就意味着电热水器不能用，电磁炉不能用，午饭可能做不了，菜可能会坏，路由器不能用，没有wifi了。而我，一大早起来忙了这么久，最后只能坐在地板上滴汗、发呆。夏天独有的焦躁马上吞没了我，我觉得我要快被气哭了。

我发了几条微信给朋友们说我现在的处境。然后，他们都告诉我，"心静自然凉"、"恭喜你"、"去洗个冷水澡"、"出去咯"……可是，这些话，我还是觉得安慰不了我。我开始胡思乱想，为什么我这么努力，却这么不顺利啊？我就想给自己一个更充实的周末，让我觉得自己有点改变，怎么那么难？而我现在的心情，还没有人能够理解，为什么这样不开心呢？

接着，所有工作的压力、生活的不顺心、不被理解的心情，就像火山突然找到一个爆发口，迫不及待，喷薄而出，劈头盖脸地浇了我一身。我蹲坐在地板上，眼泪就开始哗啦啦地直掉。这种瞬间袭来的孤独感，像一层保鲜膜，把我包裹得密不透风，不沉重，而是窒息。我像个三岁小孩，好想任性地摔掉玩具，耍个无赖。

诶，你也有过这样莫名的失落、孤独的时候吧。可能你是在大马路上耍酒疯，一个人在深夜痛哭。这种孤独感，简直就是装死的火山，总在一些非常小的事情上引爆，带来大面积的感官情绪瘫痪，还要被大家嘲笑是太敏感想太多了。我总觉得，我的孤独感是一只与生俱来的宠物，像影子跟在你屁股后面，被它跟烦时，就在某一个突破口爆发，好想扔了它，却又牵扯不清。

于是我看着那个"幽暗深处的自己"在哭泣，在寻求理解，在试图摆脱孤独感。我向朋友们倾诉烦恼，可他们告诉我的解决方案，都是我也曾告诉过他们的。我向朋友们描述心境，但他们觉得只是小事，是我太玻璃心。我才发现世界上是有"感同身受"这个词，却没有这回事。孤独感原来来自不被理解的各个瞬间，不能找到共鸣的每一场谈话里。原来不被理解才是人生常态。

我翻山越岭，你体会不到我的辛苦，我欢呼雀跃，你也感受不到我的欣喜。坐在地板上发呆，就像走在荒芜的沙漠里，望不见人群。可是，我必须忍耐这样的孤独感。因为人生，终究是自我对孤独的救赎。刘瑜说，"适应孤独就像适应一种残疾"。

孤独，不是无人理解，而是很少有人愿意从你的维度去理解。我们只能试着揣摩自己，自我救赎。那天，哭得差不多后，我去洗了个热水澡，换了身衣服，拎着本书，坐了趟车，到了一家咖啡馆，坐了一天，喝了两杯咖啡和一个小蛋糕，看完了一本书。

我觉得，那个周末也过得很充实，很美好，虽然我买的菜都坏掉了，虽然我哭了，虽然我被孤独感打败过。但最后，在我独处的时候，我觉得我与我的人生达成了和解，我不再生气为什么孤独老跟着我，反而感谢它的存在让我觉得自己不一样。

试着去接受不能被理解是个事实，学会通过独处来适应孤独，成长是实现与自己达成和解，不强求，不纠结。人生真的是自我对孤独的救赎。在那个"幽暗深处的自己"哭完后，记得扶他站起来，与自己合体，又是一个雄赳赳气昂昂的汉子。那时可能你也会觉得，孤独也是件蛮可爱的事。


每个人都一样，都有一段独行的日子，或长或短，这都是无可回避的。不必总觉得生命空空荡荡，放心吧，一时的孤独只是意味着你值得拥有更好的。做个独立的人，永远不要怪别人不帮你，也别怪他人不关心你。活在世上，我们都是独立的个体，痛苦难受都得自己承受。石头没砸在别人脚上，人生路上，我们都是孤独的行者，如人饮水冷暖自知，别等伤了再退，别等困了再睡，真正能帮你的，永远只有你自己。

# 努力，并一直保持乐观的心态

时间真好，验证了人心，见证了人性，懂得了真的，明白了假的，没有解不开的难题，只有解不开的心绪。没有过不去的经历，只有走不出的自己。一开始你总是担心会失去谁，可你却忘了问，又有谁会害怕失去你？人生，努力了、珍惜了、问心无愧，如此，甚好。

昨天看到一个帖子，讲的是一个女生大四毕业，放弃家人在小城市为她找好的稳定工作，只身来到北京，成了千千万万北漂族的一员。最开始过得很艰辛，租的房子离公司远，每天5点就要起来赶公交车，晚上回来草草准备晚饭吃了睡下，第二天又重复前一天的生活，工资低得交完房租连基本的生活都困难。

帖子的第一段，她说："明天起要挤大于等于一小时公车风尘仆仆的去上班，周末和每天晚饭自己动手，这才是我想要的，一切都充满希望。我是那打不倒的奥特曼。啊哈哈哈……"

女孩兴奋地憧憬着未来的生活，每天也乐呵呵地上传着自己的生活，和网友互动。也有失意难过的时候，后来唯一的做饭工具电饭煲被偷了，一个星期口袋里只剩30块，小心翼翼地计划着用，连每天期待的做菜小乐趣也因为工作的忙碌而消失。

这些多像刚走出校园的我们啊，什么都没有，什么都要重新开始，每天奋斗的目的就是为了生存下来，从一颗飘摇的小树苗，到这社会上安身扎根下来，而这刚毕业到之后的三年，将是你人生中蜕变最快的三年。

帖子里也有网友问她，为什么你们觉得在北京，在广州这些大城市奋斗过才算奋斗，大城市真的有这么好吗？但其实只有去过的人才知道，才会感受到那里的奋斗，和家乡的安逸十万八千里的距离。

没有死党闺蜜，没有爸爸妈妈，没有慵懒的生活，碰到好玩的事情再也不能像以前一样指手画脚的和她们分享，只能通过电话的这一头，组织无数的苍白语言，最后说出口的，最多的无非是"我很好"，"昨天老板开会又表扬我了"。笑是一个人，哭也是一个人。

帖子的最后那个女生最后在北京安身下来了，买了房子，还找到了人生的另一半，在帖子里女生一直保持着乐观的心态，看完后整个人都是暖暖的。有些人就是可以这样，她们面对生活的阻碍从不泄气，也不抱怨，拥有耐心，永远相信日子会越过越好，最后她们也真的过得很幸福。当你有意识地选择你所想的，你就是一个自主创造者。

虽然现在的我们只身一人，但其实每个人都有一种温暖别人的能力，可以为身边的她们带来力量，即使不在身边。这个能力是与生俱来的，你不要弄丢了它。不在父母身边，那就打个报平安的电话让他们知道你过得好吧，总好过在他们身边的时候担心这个又看那个不顺眼吧？起码你有了足够的空间和自由去追逐一些你从前看不见的东西。

有网友和那女孩说："我想，多年后你会后悔现在的决定，尽管你现在看见我这句话会感觉很可笑。但是，请你记住我说的！"女孩的回复是"你说的对，我很可能会后悔。但如果不这样做，我会更后悔，后悔年轻的时候没拼搏。"我当时脑海里想到这样一句话，一个人的时间是最好的增值期，那就去学习，去成长，直到可以让身边的人过来纳凉。

那篇帖子最近的更新是女孩打算买车了，马六，上来问网友哪个颜色好，有网友提醒她，几年前你刚来赶公交车的时候，说自己以后有钱了要买一台马六给爸爸开的。这一说倒是想起来了，你看，人生就是这样，你想要的东西，只要努力，最后都会来到你身边的，熬过去，一切都会好起来的。

你要好好努力，知道生活里还有很多美好。学会照顾自己的身体，别过分的拼命。还有不要钻牛角尖，谁都得碰到点难熬的事儿才能长大，你说对吧。失去了谁都不要紧，因为以后还会有很多人陪你。

# 意思意思，难过一下就好

人应该对自己心肠硬一点，不要动不动就放大自己的悲伤。失恋也好，考试失败也好，损失了一些钱也好，正确的面对这些问题就好了。没必要以此来幻灭自己的整个人生，觉得日子失去了色彩，黑暗将笼罩下半生。多大点事啊，难过一阵子就好了，犯不上以此来否定人生。

人的一生中最容易的犯的错误，也许就是对亲近的人太苛刻，而对不相干的人又过于谦卑。我们把最多的"谢谢"送给了陌生人，而对自己最爱的人终其一生也许连"我爱你"都吝于出口。如果反过来的话，这世界也许会变得很不一样。

曾经喜欢耍小性子对最亲近的人乱发脾气，把在学习和工作中遇到的不顺都一股脑朝他们身上发泄，把家人当做"情绪垃圾桶"。这样的行为持续了二十多年我都觉得理所当然，认为我在外面要那么辛苦戴着面具做人，难道还不允许我用最真实的一面来面对家庭吗？我更自私地认为，既然是家人和爱我的人，自然就要无条件地爱我，迁就我，承受我最坏的一面，否则就不是真的爱我。

然而我终究是吃了这样任意妄为的苦头。我刚刚大学毕业的时候，正是家里生意失败的当口，父母希望我考个公务员，好歹还能有个稳定的生活。然而那时候我依然是不识愁滋味，为了追寻所谓的真爱，就孤身一人跑到大连来投奔男友。刚到大连的时候，因为没有工作经验，也不知道该到什么网站投简历，随便找了一个就投，结果一个多月下来，连份办公室文员的工作都没找到。

屋漏偏逢连夜雨，我所认定的"真爱"看到我找不到工作，就告诉我房租只帮我付了三个月的，要是到了要交房租的时候还找不到工作，就回家去吧。他原本以为，瘦死的骆驼比马大，希望我可以说服我爸给他投资做生意，可是看到我的实情才知道没戏了。所以他整天在我面前抱怨说我拖累了他，他的朋友们都是找了有钱的女朋友，女方家给买房买车，我什么都给不了他。

任何一个清醒的女孩子都知道，这种男人是靠不住的。然而当时我一头栽进去，听他说那些，居然还觉得是我对不起他。因此我把这种怒气一股劲儿地发在我妈身上，每天打好几个电话跟她抱怨，甚至发脾气，怪她和我爸怎么能轻易相信别人，搞得没赚到钱，反而血本无归；怪他们没有为我准备点嫁妆，害我被他看不起……我妈一边被巨大的歉疚感淹没，一边又感到绝望，想她引以为傲的女儿不但被人嫌弃，而且连工作都找不到，她一下子病倒了。

一天晚上我又打电话去抱怨的时候，没想到是我爸接的电话，他强忍着怒气说："如果又是和你妈生气的话，你就不要再打电话过来了。她被你气病了。"我一下子惊呆了，结果我妈把电话抢过去，硬撑着跟我说："没事，没事，你找到工作没有？不行就回来吧，咱家再困难，我也供得起我女儿吃一口饱饭。"

那一瞬间我在电话的那头泣不成声，我妈也哭了，说："小丢，你可要撑住啊，这几天妈妈想到你吃了那么多苦，想想我一点忙都帮不上，往后的生活也看不到什么希望，我都绝望的想自杀。我一晚上一晚上地睡不着，我一手养大的那么优秀的女儿，因为我们的缘故被人家这样嫌弃，都是我们拖累你了，你怪爸爸妈妈都是应该的。"妈妈的这些话，让我一夜长大。

我知道了，有些苦是只能够也只应该一个人扛的，因为我们受到的每一滴痛苦，在爱我们的人眼中，都会被放大十倍，他们会比我们更痛苦。我们的一颦一笑，我们的喜怒哀乐，关系着全家的幸福，我不可以那么自私。

从那天开始，我暗暗决定了，我再也不能把情绪的包袱甩给爱我的人，即使跌倒了，受伤了，我也要立刻爬起来。我不允许自己难过太久，因为我还要把我的笑容留给他们，他们也是我最在乎和最爱的人，跟他们相比，小小的伤痛又算得了什么。

从那天开始，我告诉他们的都是好消息。我告诉他们我找到了一份很不错的工作，实习期的薪金就有两千，而且三个月转正后就有三千了，当时我妈一个月的退休工资才有七八百块，他们高兴地不得了。我没有告诉他们的是，我租住的房子每月租金要一千元，刨除水电什么的我就几乎不剩什么，刚工作那一个月偏偏还收到了两个同事的结婚请柬，送出四百块之后，我连买双羊毛袜的钱都不够了，在东北的初冬里，我还穿着一条薄薄的丝袜来御寒。

我告诉他们上司和同事对我都很好，经常给我带饭吃，我没有告诉他们我连着加班加一个礼拜，晚上一个人回家吓得一边走一边哭。我告诉他们我住的地方在一个风景很好的山顶上，是好几路公交车的终点站，生活很方便，我没有告诉他们的是，我住的小屋没冰箱没洗衣机，我冬天也得用刺骨的冰水洗床单。淋浴的管道坏了，我只能把热水接到洗手盆里，用口杯把水浇到身上来洗澡。

这样的生活，我过了两年。然而现在回想过去，竟一点也不觉得苦了，因为我努力地让我爸妈觉得，我生活得很幸福。也许一开始是假的，是装的，但是在我不怨天尤人之后，我的生活，真的开始一点点走向幸福。

人们总是喜欢忽略掉最重要的事情，高铭在《催眠师手记》中写道："几乎每一个行业都无比重视人的心理，甚至为此推出花样翻新的概念广告和千奇百怪的销售行为来企图影响受众心理，希望借此能干预人们的行为。但是人们同时又忽略掉自身言行对于身边人的心理影响……或许人们认为这两个一个是商业行为，一个是日常行为，是有区别的，其实没区别，难道家人就不重要吗？假如能注意自己的日常言行，很多家庭矛盾、家庭纠纷还有日常琐碎所造成的心理阴影就根本不会发生。"

也许以前我们也听过这样的话，但是总觉得这样过日子太累，大多数人都想着得过且过，活在当下算了。我曾经在坚持中也有过这样的困惑，我妈后来还是常常担心，跟我说我没有嫁妆会不会被男方嫌弃，我总是安慰她说，那我一定会找到就喜欢我这个人的男人。我也终于找到了这样的人，在婚礼上看到我妈放下一切负担笑的开怀的样子，这一切的一切都值得了。

我不允许自己难过太久，因为我还要努力去让爱我的人和我爱的人幸福，家人才是我最宝贵的财富，相比起来，又有什么别的事物值得我难过太久呢？


道理都懂，都做不到。会爱，会难过，会自卑，会骄傲，会虚荣，会纠结，会自私，会恐惧。人生不是你懂，你明白，你就刀枪不入，而是在种种折磨里慢慢与心中的准则靠近，慢慢变成理想中的样子。

# 即使起点不同，也别忘了向前奔跑

越有故事的人越沉静简单，越肤浅单薄的人越浮躁不安；真正的强者，不是没有眼泪的人，而是含着眼泪依然奔跑的人；耐心点，坚强点，即使看不到希望，也依然相信自己；我们最先衰老的不是容貌，而是不顾一切地闯劲；有时候，要敢于背上超出自己预料的包袱，真的努力后你会发现自己要比想象的优秀很多。

朋友许可在巴黎给我发来一张她在卢浮宫的照片，我知道这是她第一次去巴黎，去看她心底珍藏了十多年的那幅《蒙娜丽莎的微笑》。

许可是我的小学同学，她妈妈整个人脊背病理性弯曲，很多工作受局限，只能一直在工厂做些临工补贴。她父亲脚瘸不方便加上体弱多病，在镇上偶尔电动三轮车带客人，听说根本不足以支付各种药费，有时候只能硬撑，能拖就拖过去了。

每年总是有些债务没有办法还清。每到过年的时候，许可就很害怕别人来家里要债，虽然不至于态度恶劣，但是总觉得无地自容。模糊的记忆里，她家当年的条件在整个村里都算寒酸。

小学四年级的时候，许可见到了久远的亲戚，陌生又遥远——她在法国的远房表姐。表姐出生长大都在法国，苗条高挑，皮肤白皙，五官柔美，属于天生丽质的类型，模特的身高，随处一站都是亮丽的风景。对比下，许可简直天壤之别。

那一刻，她清楚地体会到了一种莫名的情绪，虽然当时无法形容，但确实是羡慕、嫉妒、卑微等各种复杂情绪的综合。表姐特意说起了达·芬奇的名画《蒙娜丽莎的微笑》，说当她在卢浮宫看到的时候，感觉无论从哪个角度去看，画里的女子都在温柔地微笑。为了这个笑容，她去了好几次卢浮宫。

卢浮宫，蒙娜丽莎的微笑，那些对许可来说，像太阳一样温暖。她虽然足不出户，不曾离开这个村庄，但是她热爱阅读，在村里藏书颇多的老人那借了很多书，对西方的文艺也很喜欢；又像太阳一样遥远，这些都只是鲜活在书本纸张间的名词，她从来不曾听到有人在她耳边说自己亲自去看过这些。从那时起，连同表姐描述那幅画时的神秘微笑，就仿佛某种信仰被她珍藏在心里。

只是她如此卑微，连这个念头提都不敢提，默默储存。后来，我只知道她拼命学习，从原来的中上挤到了上游水平，考入了镇上的初中，然后高中、大学一路读下来。都不是名校，也许像她说的，真的尽力了，只能接受现状。

但我知道她在二类大学依然很认真，考了双学士。因为经济贫寒，她非常知足自己能够读大学。整个大学时代，一直在做周末家教维持生活，暑假打工，没有叫拮据的父母为钱发愁。

大学毕业后，许可辗转了多份工作，折腾两年才投身自己喜欢的外贸行业，一做就是多年。这期间，许可在这座单价昂贵的城市里买了房，安顿了父母，还储蓄了大笔父母的养老金，足够二老有尊严地老去。

唯有我见证了她这么多年如何拼命努力。考虑到职业收入能有机会改变父母的生活，她放弃了自己最初喜欢的国有单位工作，毅然选择做业务，每天工作到深夜。她也曾是那个在职场丛林里无所适从的女子，天性文艺、内心柔软，不适合残酷的法则，在业务的竞争和主管的恶意控制中一度崩溃泪流。

那些年，她偶尔和我谈及她的状态，虽然痛着，但是能真切地感受到她的积极。我开玩笑和她说，改用下莱蒙托夫的一首诗，把幸福改成痛苦很合适她的状态：一只船孤独地航行在海上，它既不寻求痛苦，也不逃避痛苦，它只是向前航行，底下是沉浸碧蓝的大海，而头顶是金色的太阳。

是的，没有退路，我们逃无可逃，也无须逃避，只有向前航行。

只是我们终究会在适应中长大，一次次地努力调整。她再也不是当初卑微到尘土里的女孩。时间总会证明一切，光阴带来成长的故事，她终于从自卑到淡然，从退缩到勇敢，从迷茫到清晰，从不堪一击到刀枪不入。

后来，她职业发展越来越顺畅，在买房安顿好父母养老后休假，她终于去了巴黎，在卢浮宫看《蒙娜丽莎的微笑》，间隔十多年的时光。她在给我的微信上说：隔了十几年的光阴，我终于能够走到蒙娜丽莎的眼前，穿越时光的屏障，得以品味她的微笑。

在巴黎，许可也终于再次站到了表姐眼前。闲暇时和表姐一起约在塞纳河畔喝咖啡，她依然是那个高颜值又有才华的女子，这些年并没有自恃美貌而影响学业，反而顺利地读完巴黎顶尖学府，打拼成为一家大企业的主管。

许可看着表姐，遥想着四年级的那次惊鸿一瞥，她的表姐家境优越，自身高颜值，又富有才华，大抵算是上苍厚爱吧。而她自己呢，连灰姑娘都谈不上。她就是个有着最普通脸蛋的矮小女孩，那么轻易地被湮没在人群里。但，那又如何？她想着，跨过十多年的光阴，我不是因为存了和你比较的心才站到你的面前。因为我们根本没有比较的可能性和意义，出身和家境、所受的教育、自身的客观条件都不同。我承受我生命中需要承受的，然后努力成为自己。

我在秋日午后淡淡的余光中看着她站在卢浮官门外的照片，依然是毫不起眼的脸蛋、瘦小的个子，唇边一抹清浅的笑容，却因为灵动的眼眸和笑靥而显得格外动人。那一刻，我仿佛感受到她在实践了一个关于自我的约定后满心洋溢着的欢喜。

想起在那篇著名的文章《我奋斗了18年，不是为了和你一起喝咖啡》里，作者阐述了我很欣赏的一个观点：人与人之间的差距固然存在，但并不令人遗憾，正是差距和为弥补差距所付出的努力，才加强了生命的张力，使其更有层次、更加多元。生活姿态的优雅与否，不取决于你所坐的位置、所持的器皿、所付的茶资，它取决于你品茗的态度。

所以，当有朋友探讨起颜值或者家境对人生、对职业的影响，抱怨父母没有给张美丽的脸蛋，在这个拼脸拼爹的年代，自己一无所有时，我就常常想起许可，想起她的微笑。

这个女孩唯有比路人还要路人的脸，比普通人还要普通的家境，她只是无数平凡甚至平庸群体中一个微小又真实存在的个体。一无所靠，贫寒不曾让她退缩，嘲讽不曾让她改变，靠着自己一步一步扎实的行走，也一点点地改善了自身和父母的生活，让一家人实实在在地感受到日子一天比一天充满希望。

就好像每首歌曲都有自己的节奏和乐章，我们每个人是不是都要找准合适自己的节奏唱响一曲属于自我的歌。哪怕仅仅是无边黑夜里微弱的星光，哪怕仅仅是沙漠里下过的一场不为人知的雨，哪怕只是灼灼樱花树下随时会飘零的花瓣，唯有大地可以证明它存在过。零落成泥碾作尘，犹有香如故。

这一切的努力取决于自己，并非低颜值可以阻挠的。这个世界确实看脸，这是心理上的首因效应，但是却肯定不会仅仅看脸，最终决定你行走的，依然是最基础的常识：智慧，努力和选择。

至于家境，让我想起那篇网络上被大众议论的试题：龟兔赛跑中，如果兔子不睡觉，乌龟怎么办？更何况，现实社会中很多又美貌又拼命地兔子，我辈本平庸，是卧地沉沦，还是努力前行呢？

对人这种群居动物而言，很多幸或者不幸的根源都是比较。乌龟和兔子各有各的活法，与其在比较中沉沉浮浮，还不如专注走好脚下的路。借用哲学家罗素所言：参差不齐才是幸福的本源。

无从改变的出身，无法选择的父母，无力蜕变的容颜，总有些差距注定以我们无法企及的形式延伸存在，但是在我们的尽心奔跑中，请足够张开手臂，拥抱这一路属于自我生命的丰盛与辽远、温暖与甘美。

我们可以选择停留，但其他的人会选择奔跑，而世界在他人的奔跑中无意间已改变了样貌。每一天都想放弃，但每一天又都坚持下来了。没有伞的孩子，必须努力奔跑。

# 既然心在江湖，为何不去走走

　　使人成熟的不是岁月，而是经历。植物的成熟，是状态的演变；人生的成熟，是意识的提升。岁月，变得了江山与容颜，却无法让人心自然地成长。人生的境界，只有在经历之后，领悟了多少，就有多少成长。敢于闯荡，敏于领悟，少年也英雄；若虚度光阴，心智不开，必成痴汉。人生熟透，心态淡然。

　　直到现在，还有人不断来问我：你辞职了吗？没错，我辞职了，这已经是一个多月以前的事了。我是个性格冲动的人，但辞职这件事绝不是一时冲动，而是思考了很久的必然结果。

　　是什么时候开始有了辞职的念头呢？追溯起来应该是好几年前了，有那么一天，某位领导突然来了兴致陪贵客去爬山，临时要求安排一个记者去随行。我正好被安排了，于是只得斥巨资打的过去（那时还没买车），然后连滚带爬地往山上走。等到我气喘吁吁地追上他们时，被漫不经心地告知，低调一点，今天这事就不用报道了。

　　我心中有一万头草泥马呼啸而过，你要低调的话，何必叫记者过来？就在那一瞬间，我对这份工作的意义前所未有地产生了怀疑，心里有个声音不断响起：老子不想干了！

　　这是一份表面上看起来还算光鲜的工作，尤其是在几年前，纸媒还在黄金期的末尾。哪怕我辞职了，我也要说，这是一份很好的工作，它可以提供不错的薪酬、相对的自由和见识外界的机会，记者不是不好，只是不适合我。

我爸爸曾经以我找了这样一份工作为荣。在他看来，做记者接触的都是地方官员、行业精英，谈笑有鸿儒，往来无白丁，既然整天和这些牛逼哄哄的人物打交道，那想必也一定很牛逼了。

爸爸的想法不稀奇，只能说是外界对这个行业的普遍误解。说白了，这种所谓的接触只是浅得不能再浅的关系，接触过后，谁记得你是谁？当然有很多人以此为荣，但对于我这种太过敏感的人来说，很多时候只觉得紧张、乏味甚至耻辱。

除去最初两年刚刚入行的新鲜感外，这工作对于我来说就是漫长的忍受，难以想象，我居然忍受了很多年。作为一个有些社交障碍的人，我被要求不得不去和形形色色的人打交道，应付各式各样的状况，很多人对此如鱼得水，而对我来说，无疑是种折磨。

有些人可能会认为，你这么能写，干的恰好是文字工作，那简直太适合你不过了。这类人根本就不理解新闻和文学的区别，我的文学素养对于撰写大部分新闻来说并无帮助。每次我写下那一篇篇本报讯时，心里都有些发虚，毕竟，换了任何一个读过高中的人，要写出这样的东西都是毫不费力的。

换而言之，我从事的是一份极易被取代的工作。这工作除了给我报酬外，带给我的是焦虑、惶恐和自我怀疑。有时我也会费劲地去写一些所谓的深度报道，自然是得不到任何好评，更多的时候我甚至不愿意投入心力，只是想尽快把它写完，好腾出时间来去写我想写的东西。

有那么几年，我还是想把工作干好的，反反复复总爱问自己：你到底能不能成为一个好记者呢？最终的答案是不能，我顶多只能成为一个合格的记者，不迟到，不拖稿，不索要红包，因为它对于我来说只是一份工作，而且是份不喜欢的工作，我没法全情投入。

这样的状况，上司自然是不满意的。职场评判人的标准很简单，你可以不能干，但态度必须要端正。像我这种，当然是属于态度极其不端正了。

而我自己又何尝满意了，我是那种渴望成长的人，长期干着自己不喜欢的工作，只会感觉到生命能量日渐萎缩。如果说我还有两分才华的话，这个工作毫无疑问没法发挥我的才华。

我生性好强，事事不愿落入下风，在很长一段时间内，我所做的很多事都是为了活成别人眼中光鲜的模样，一件事即使不喜欢不擅长，我也会咬着牙关想要把它做好，只为了证明我不比别人差。

所以当我认识到我并不喜欢这份工作后，我还是咬紧牙关又干了好几年。那段漫长的岁月真是迷茫极了，就像站在十字路口，完全不知道该往哪个方向走。

每天早上一醒来，都在天人交战，感情告诉我，快去辞职吧，马上，立刻，一秒钟都不想干下去了，理想却告诉我，现在还不是辞职的最佳时机，再等等看。长久的纠结，搞得我都有点看不起自己了。

与此同时，我开始积蓄能量，在鸡飞狗跳的生活中坚持写作，只为了某一天能够攒够传说中的"fuck you money"，充满底气地去辞职。

其实直到辞职那一刻，我还不能算充满底气，只能说是有点底气，我当然也没有攒够足以让下半辈子生活无忧的钱，只能算是薄有积蓄。那为什么会突然在这个时候提辞职呢？那是因为我想通了，人生不可能有完全准备好了的时刻，有些事情你现在不做的话，那可能就一辈子都不会做了。

放弃干了这么久的工作可惜吗？当然有点可惜，因为以后再没人每个月固定给你打钱了。至于很多人所说的人脉，倒一点都不可惜，我从来不在乎自己有没有人脉，我只在乎自己有没有朋友。没有了那些所谓的人脉，我的世界就只剩下两种人了：真心喜欢我的，以及我真心喜欢的。多么单纯多么美好。

很多人都问我：辞职了准备去哪干？找到下家了吗？对此我往往只笑不语，因为我觉得如果我说出"我要去写东西"的答案后，会引来更多没完没了的盘问。是的，我要去写东西了。全心全意，尽我所能。

如果说每个人都有初心的话，那么写作就是我的初心。我从小就想当作家，写作是我至今为止最喜欢也最擅长的事，如果要我来列遗愿清单的话，排在第一位的应该就是：写出好的能被大众认可的作品。

人生苦短，我只想优先去做对我来说最重要的事情，我不想等到临死前才去懊悔，为什么在年轻时不能腾出几年时间来，供自己追逐梦想。

有人会说，哎呀你都三十多岁了还谈什么追逐梦想啊，就不能现实一点吗？

没错，我三十多岁才去追逐梦想是有点晚了，可再不开始行动的话，我很快就会到四十岁了。一个人如果想要去真正做点什么的话，什么都不能阻挡她，年龄不能，境遇也不能。任何一个人在尽了对家庭的责任后，都有权利去追求自己的梦想，哪怕她已经三十多岁了。

在此之前，我更多的是作为一个社会人，为家庭、为社会地位、为责任和义务而活；在此之后，我想能够为自己而活，即使没法取得什么成就，至少也一天天活成自己喜欢的样子。

这种选择肯定会令不少人惊诧莫名，毕竟，在人们的心目中，全职写作基本上可以和饿死画上等号。自古文人多落魄，一说起写东西，大家马上会想到家道中落的曹雪芹，住在黄叶村里，举家食粥，借贷无门，全家都在风声里，九月衣裳未剪裁，一边吐着血一边吭哧吭哧地写着《红楼梦》。还会想起一生漂泊的杜甫，小儿子饿死了，自己老病无依时被困在一叶孤舟上，最终因为饿过头吃了太多牛肉把自己撑死了……这样的场景你还可以想象出很多，请自行脑补。

以写作为生的人当然绝大多数都是很清贫的，这点从古至今都没改变过。幸运的是，作为一个写作者，现在可以算是迎来了最好的时代，这一点越办越火的中国作家富豪榜可以作证，排在第一的唐家三少年收入已经破亿。这些金字塔尖的人就不说了，金字塔中的人过得也不错，我认识的人中，有可以靠版税在北京买房的，有一本小说的影视版权卖了上百万的，他们不仅靠写作过上了体面的生活，而且还过得相当滋润。

听说我想去写东西时，有朋友就说：挺好的，去做点自己喜欢做的事，哪怕钱少点也无所谓的。

对此我要大声地说"NO"，我是个很理想化的人，但还没有理想主义到为了追求理想宁愿饿死的境地。对于我这种视钱如命的人来说，钱少一点点都是很有所谓的，我选择写作，除了热爱之外，还因为它可以给我带来比工作更丰厚的回报，以及更可观的"钱途"。一句话，为什么要不工作去写东西？因为想挣更多的钱。

要是有一天写东西挣不到钱的话，我会老老实实跑去再找份工作，让写作回归为爱好。关心我的亲友们请放心，作为一个现代女性，我时刻都谨记着自己肩负着养家糊口的重任，一刻也不敢忘怀。至于一把年纪还找不找得到工作，用我妈的话来说，这年头，只要你愿意去努力的话，难道还会饿死人吗？

我特别喜欢黑寒的一段话：对每个人而言，真正的职责只有一个：找到自我。

然后在心中坚守其一生，全心全意，永不停息。所有其他的路都是不完整的，是人的逃避方式，是对大众理想的懦弱回归，是随波逐流，是对内心的恐惧。

很久以来，我不敢辞职，除了对未来的不确定外，其实也是对自我的逃避。别看现在大家都说什么要找到自我，其实绝大多数人都在逃避自我。为什么那么多人不敢去做自己最想做的事？因为他们害怕竭尽全能后，发现自己并无天赋。人们最恐惧的并不是失败，而是自己的无能。所以他们将这件事一再延迟，以至于今生没有机会投入于此，也至少能让他们保持这样的幻觉：我是某个领域的天才，只是环境限制了我，使我没有机会发挥自己的潜能。

我之前不敢尝试全职写作，正是基于对此的恐慌，我害怕真正去做了的话，会打破幻觉，会发觉自己并无写作方面的天赋。可现在我决定不再逃避，而是迎着自己的命运一步步走上前去。每个人都是带着宿命来到这世上的，写作就是我的宿命，如果这注定是一种幻觉的话，也得由我亲自来打碎。我不想等到别人来告诉我，你原本可以做到，或者压根就做不到。

迷茫的时候，很多人都会选择好走的路。比如有人就建议我说，你完全可以一边工作，一边写东西啊。工作是锦缎的话，写作就是锦上的那朵花，这样多好啊。

很多聪明人就是这样干的，这世界上的聪明人已经够多了，我不介意做个一意孤行的傻子。没办法，我从小到大就是这样，在做选择的时候，从来不会去选最好走的那条路，而是选最想走的那条路。对于不喜欢的事，再怎么勉强也坚持不下去，对于喜欢的事，却可以倾我所有，全力投入。一边工作一边写作只能让我写出碎片化的东西来，而我真正的梦想，是用手中的键盘，去构筑一个独属于我的世界。

　　小的时候，我特别希望能够和小伙伴们一起去闯荡江湖，每当《西游记》片头曲响起的时候，心中就不禁热血沸腾，仿佛眼前展开了一条金光闪闪的道路，那条路上有繁花似锦，有笑语喧喧，通往充满诗意的远方。

　　那么多年过去了，我终于出发了，那么多年过去了，我的血仍未冷。尽管出发得有些晚，尽管只是孤身一人，尽管这条路不会那么好走，但无论如何，我已经迈出了第一步。远方和江湖，我来了。还爱着我的小伙伴们，无须为我担心，请你为我祝福。有了你的祝福，这条路才会不那么孤单。

　　来，让我们再次唱起那首歌，找一个天气好的日子，一起快快乐乐地去闯荡江湖吧：你挑着担，我牵着马，迎来日出，送走晚霞。踏平坎坷成大道，斗罢艰险又出发，又出发……敢问路在何方？路就在你的脚下。


　　每个女人都该有化最浓妆时，去灯红酒绿的地方静静坐着，感受和世界的距离。也该有素颜清新，到书店里默默选书，使内心变更好。该和闺蜜去玩耍，或甩掉老公孩子享受孤独的旅行。该去学各种东西，闯荡各种圈子。做女人千万别只呆在家里。精彩的人生，是一样样尝试出来的。

# 眼前也有
# 诗和远方

——·——

**6**

我相信，

当你选择了不苟且，

总有一天会发现眼前也可以有诗，

有远方，

有月亮。

# 眼前也有诗和远方

二十岁出头的时候，请把自己摆在二十岁出头的位置上。踏实的学习，好好积累能力和锻炼心智。那些远大的目标，不管你如何幻想，都不如当下多看一页书，多学一点东西，每天早起奋斗，来的实际。一万个美丽的未来，抵不上一个温暖的现在；每一个真实的现在，都是我们曾经幻想的未来。活在当下，就拥有了过去和未来。


前不久，朋友贷款买的期房下来，装修好终于住了进去。在大伙的怂恿下，她拍了几张照片发到群里。

手指在屏幕上滑来滑去看了好几遍，想夸奖几句却实在是无从下口。真的很粗糙简陋——

根本谈不上有什么软装，墙上和地上都空空荡荡的，但也实在不好意思称之为简约；仅有的几件风格不同的家具倒像是临时租借来的；乡土气质浓郁的窗帘垂头丧气地搭在客厅的墙边；厨房摆放的简陋碗碟也让人生不出任何食欲。

没有任何风格和个性，甚至感觉不到不懂装修风格的家庭鼓捣出来的杂乱和温馨。只让人感到一切从简，所有东西都可以将就。

平心而论，朋友的工资不低，首付是家里出的，月供公积金还一部分，家里帮着还剩下的；审美上也不用说，学过美术做过设计，怎么也算得上是有眼光有品位的，虽说不至于能装出家装杂志照的效果，但是布置一个简单温馨的小家绝对不算是有难度的事情。

当你把眼前过得苟且，又如何到得了远方？

很明显，她并没有用心去打理现在的房子。

我大概能猜到一点原因：她一直不满现在的工作，甚至想离开所在的城市，但苦于一直没有很好的机会。虽然家里做主买了房子，终究是有些不甘心。

在远方不知何时才能到达的情况下，她先把当下过成了"苟且"。

正是因为人们总是习惯把当下的生活和内心的渴望对立起来，所以才有了"世界这么大，我想去看看"；有了"生活不只眼前的苟且，还有诗和远方"。

有时候我会想，鸡汤本身或许并没有好坏有毒无毒之分，只是慰藉人鼓励人，但总有人把它当作治病救人的良药。

以为听上几句有道理的漂亮话就可以改变现实得到救赎，久而久之也就习惯了麻痹自己，直到病入膏肓。

也许说这话的人本意并非如此，但听这话的很多人却是无意中就把对远方的憧憬当成了忍受眼前"苟且"的利器，甚至成了把生活过得苟且的借口。

与其说，是眼前的苟且让我们向往诗与远方；倒不如说，往往愈是向往诗与远方，愈容易忽略眼前，把当下的生活过得苟且。

而苟且是什么？只顾眼前，得过且过；敷衍了事。所以，苟且其实更多是一种态度。一种对生活妥协，对自己敷衍的态度。

不是眼前只有苟且，而是你选择了敷衍和将就。

大学时有一位前辈，她刚毕业的时候在公司附近租房。每次租房都要看很多挑选自己喜欢的装修风格；实在找不到合意的，就会尽量改造，添置或者替换一些东西。

一直觉得她太挑太能折腾。后来去她家做过几次客。

午后暖洋洋的阳光里，窗明几净，就像她的人一样素雅舒服。大大的书架摆满了书，客厅里有苍翠的水生植物，阳台上有开得正盛的花。

她端出茶和点心。点心装在精致的碟子里，不同的茶配不同的茶杯。

即使总要搜刮上一打书装包里，每次却都舍不得离开。我想，这大概就是我梦想中家的样子。

前辈靠自己还暂时买不起房子，工作刚起步待遇上也不甚满意。但她会在周末上课学习，渐渐爱好成了技能，没过两年就换了更接近自己梦想的工作。在她的身上，我看不到丝毫苟且的影子。

我们看过了太多"房子是租来的，但生活不是"，看时觉得热血沸腾摩拳擦掌想要改造自己的房子，再多看几个订阅号，转眼冲动就和文章一起沉没在了收藏夹里。网络时代，我们的记忆和冲动大概只有那么短暂的几秒钟。

大概因为下意识觉得过不久可能就要换房子住，以后肯定要买房子，所以当下多么糟糕似乎都是可以忍受的。

就像即使做着不满意的工作，我们也总能用"明天会更美好"来麻醉自己，却生不出任何动力和勇气去改变。

对于远方，对于明天，对于一切尚未抵达的，我们总是有一种超乎常理的执念和向往。

高晓松说，"谁要觉得你眼前这点儿苟且就是你的人生，那你这一生就完了。生活就是诗和远方，能走多远走多远；走不远，一分钱没有，那么就读诗，诗就是你坐在这，它就是远方。"

可真的万水千山走遍的三毛却说，"人生又有多少场华丽在等着，不多的，不多的，即使旅行，也大半平凡岁月罢了。"

远方固然值得向往，但大多数的人生却是由这一个个无法抵达远方的平凡日子组成的。

而且我所理解的"远方"不单单指空间上的，还有着一层理想生活的含义。

有人说，"世界上最悲惨的事，就是把爱好变成工作，把爱人讨做老婆。"

远方，梦想和爱好都是用来放在脑海里想象憧憬的。这种美好，恰恰是因为得不到才愈发显得美好。落到这日复一日的生活中，也极易变得枯燥。

但我愿每一个平凡的日子都能越来越无限接近自己心中的"远方"。所以我要把爱好变成工作，与爱人结成夫妻。每天都跟自己爱的一切在一起。

如果说"六便士"是现实的苟且，那"月亮"就是高高在上的理想。我们总是习惯将其对立起来，可是却忘记了，我们一直有抬起头来看月亮的时间。

像那个前辈一样，在力所能及的范围把住所打理得整洁舒适；

周末约上好友，即使独自一人也没什么不好，去看看画展，去近郊游玩；

做不喜欢的工作之余，在自己的爱好上花点心思，说不定哪一天就能换一份喜欢的工作；

你是愿意把"远方"只放在想象中，让它保持着美好的模样，继续着苟且的生活；还是放弃敷衍，一步步向它靠近，哪怕冒着发现它并不美好的风险？

我相信，当你选择了不苟且，总有一天会发现眼前也可以有诗，有远方，有月亮。

心情就像衣服，脏了就拿去洗洗，晒晒，阳光自然就会蔓延开来。阳光那么好，何必自寻烦恼，过好每一个当下，一万个美丽的未来抵不过一个温暖的现在。未来不迎，过往不恋，当下的每一个瞬间就是生命的唯一瞬间。活好了当下，就活好了一生。

# 活成一朵花，兀自美丽绽放

即使生命柔弱，飘摇，像风雪中的一朵小花，也要努力的绽放，去触摸阳光的温暖。如果你不愿意改变，那也别指望你的生活会有所变化。努力的最大好处，就在于你可以选择你想要的生活，而不是被迫随遇而安。在哪里存在，就在哪里绽放。不要因为难过，就忘了散发芬芳。

## [ 1 ]

寝室有一师兄，是药学院的博士，前段时间看到他发的一条朋友圈，挺感慨，觉得我们活在这个世上，很多时候都极想活成别人眼中最好的样子，不断苦撑，渐行渐远间丢失了最初的自己。

师兄发的状态是这样的："这么多年来，一直都按照父母的意愿前行着，从高中到大学，从大学到博士，完全按照他们预定的轨迹在行走，很庆幸一路顺风，也很痛苦终于弄丢了自己。其实想想，自己哪有这方面的天赋，全靠一个人的苦撑，真的太累了，想要停下来好好想想以后的日子。你好，未来。"

刚看到这条状态的时候，很惊讶。以前经常跟师兄在寝室闲聊，知道他是被直接保送的博士，还是学校比较出名的药学院的博士，可谓前途无可限量，一直都很崇拜他，也将他作为自己的标杆。

前段时间，师兄越来越晚回寝室，常常忙到夜里一两点，早上7点多又走了。他说他们正在测试一项重要的实验，也是他论文的主题。

学医学药的确实苦，做不完的研究，熬不完的通宵，每一天都在高强度的压力下生活着。也许外人只看到他们光芒万丈的一面，却根本不了解背后的苦酸。

人都是这样，拼了命地变好，也不过是想赢得众生前一个仰望的角度。你说世俗嘛，可这就是生活。

[ 2 ]

后来，师兄他们的实验失败了，大半年的心血付诸东流，论文也没了着落，天空整片整片的黑。

看了师兄的状态，回到寝室也跟他谈了很多。他说，他真的太累了，这几年仿佛心都苍老了，为了能够拿到保送的资格，没日没夜地复习，所有的假期都是在图书馆里度过，最后为了复试，两天都没睡觉。现在读了博士，压力不减反增，导师期待的目光，爸妈殷切的愿望，还有无数朋友眼中那个学霸无敌的自己，每天的空气都是滞重的。

这么多年，他一直都在为实现父母的愿望而奋斗，他知道父母一直想他学医药学，然后出人头地，争取当个教授。他的一生还很长，他才二十六岁，但他的一生也很短，早早被人竖好了站牌，不到站不停车。

这次的实验失败对师兄打击很大，也让他能够真正地静下来去思考自己的人生。他说不想再那么痛苦地强撑，也不必给自己如此大的压力，他要开始重新规划未来的道路。

那天，师兄在寝室打了一个很长的电话，只言片语中了解到是在跟他父母通话，其中一句重重的"对不起，让你们失望了"，清晰地传到耳边。第二天，师兄迟到了，第一次比我起得更迟。

看到酣睡中的他，离开时，我轻轻地关上了门。

[ 3 ]

我觉得师兄是一个特别勇敢的人。有多少人能够正视自己，有多少人能够舍弃掉那看起来风光无限的未来。其实，真正能够阻挡我们的从来只有自己。

我的一个女性朋友，家里殷实，父母就想她大学毕业后早早回去，参加他们安排好的相亲。在父母眼里，觉得她混个大学毕业就好了，找个条件不错的老公，以后的日子衣食无忧，便是极佳。可这位朋友却喜欢上了一个普普通通的男生，他俩打算毕业后去同一个城市奋斗，靠着彼此的努力，闯出一片美好的未来。

当时，朋友的父母赶到两人租的小屋里，看到艰苦的条件，顿时炸了锅，拉扯着朋友，一定要她跟他们回去。最后，他们终究没熬过朋友，丢下狠话，要断绝父女母女关系。

那段时间，朋友确实生活得很艰辛，没有家里的帮助，她和男生每天努力地工作，交房租谋生计，一切看起来惨淡无比。而父母的恼怒也让朋友感到很愧疚，毕竟生养爱护了自己那么多年，没有好好孝顺他们，还让他们如此动气，真是不孝。

终究苦日子会过去，两人的奋斗也有了好的回报，生活越来越好。有一天，朋友晒了张怀孕的报告单，照片里她和男生笑着牵着手，简单地幸福着。虽然没有嫁给条件更好的男人，但至少这个男生是爱着自己的女儿的，朋友的父母最终也妥协了。

[ 4 ]

　　我相信很多人都是这样地生活着，从小就争当父母眼中的乖宝宝，听话，好好学习，然后渐渐成长，便随着家长的意愿报考那所谓很吃香的专业，报考公务员，去考研，去出国，一切都活成在他们眼中很好的样子。

　　除了父母，我们也在意着朋友眼中的自己是什么模样。有时候追名逐利，不是自己有多渴求，只是想能够在别人眼中不被轻视，能够融入世俗社会的大圈子。这样的我们太累了。

　　有时候，我们需要多一点的勇气，去勇敢地承认自己的不足，去勇敢地挣脱外界的束缚，去勇敢地追求心目中的自己。是呀，我确实没有他们好；是呀，我本来就是个笨小孩；是呀，这样的我确实没多大出息。抱歉，这样的我可能让你们失望了，没有活成你们眼中最好的样子，对不起。

　　但，至少我没让自己失望，没有辜负自己。我也许没能成为世俗眼中最好的样子，但我活出了最好的自己，谁又能说这不是一种伟大呢？

　　那些关心我、爱护我、期待我变好的人，我一直在拼了命地努力。不必多高看，也无须多贬低，我们总会有绽放的瞬间，即使全世界都没看见。

　　不要做廉价的自己，不要随意去付出，不要一厢情愿去迎合别人，圈子不同，不必强融！将时间浪费在别人身上，倒不如专心做自己喜欢的事情。不断去学习，提高个人品质、气质和魅力，这才是值得自己去努力的事情。如果自己不努力，谁也给不了你想要的生活。

# 生活远不止朋友圈里晒的那些

社交网络就是个骗局，骗倒了别人，也骗倒了我们自己。我们需要利用好这些社交平台，同时也把时间精力都分配在自己真实的生活上了。出去旅行，出去爬山，生活过得多姿多彩。然而，还有很多人依旧不自知地在继续表演，演得好像那真的就是自己的生活一样。沉淀自己，默默挑战生活，为追求更卓越的人生目标不懈努力。生活，远不止朋友圈里晒的那些。

每天早上醒来，无数人第一件事就是拿起手机打开微信，如皇帝早朝君临天下批阅奏折般浏览朋友圈，看到颇有感慨的就作个批注，略有意思的点个赞表示已阅。这几乎成了我们生活的日常。

有人晒永远只有一个角度的滤镜自拍，有人晒每天早上变着花样的美食；有人晒只会咿咿呀呀的孩子，有人晒自己十八般武艺的技能；有人晒杯光筹措的各种局，有人晒一人一书一杯的下午茶……每一种晒都是自己想要展示给他人的一种幸福感。

朋友圈里的我们好像过得无时不刻在吃大餐，在旅游兜风，永远有人送礼物，永远光鲜亮丽，永远都是美好的一面。可是现实生活真的如朋友圈里那般风生水起吗？

我朋友圈里有个姑娘叫嘟嘟，她每天在朋友圈里晒男朋友送的名牌包包、手表、衣服鞋子，男朋友带她去普吉岛、圣托里尼，看着美图和美景，实在让旁人羡煞不已。可是别人并不知道，除去这层光鲜的外衣，嘟嘟的真实生活是怎么样的。

嘟嘟的确有个很有钱的男朋友，经常送她礼物。常送她礼物是因为男朋友几乎不能陪她，用礼物来弥补，大部分时间嘟嘟是自己一个人守在一个偌大的房间里，面对着礼物，放空。嘟嘟其实很明白，对于有钱人来说，能用钱解决的问题是最简单的事儿了。

嘟嘟说想出去玩，男朋友说：好啊，机票定好了，你玩得开心点。嘟嘟自己一个人飞了，但她玩得并不开心。可她依然要在朋友圈里玩得开心，满脸的幸福。

她不敢在朋友圈晒她其实在面对镜头强颜欢笑，她不想让朋友觉得每天都是一个人，她其实不想要这样的生活，但又放不下。这些不敢晒在朋友圈的东西才是她真实的生活感受。

有人说通过朋友圈可以了解一个人，但我认为只能算是管中窥豹，却未必能可见一斑。朋友圈的我们都是包装过后的自己，把我们想要呈现的，美好的部分展示出来。你看到的朋友圈里的我，只是我想让你看到的样子，看不到的那才是真实的我。

我一个编辑朋友跟我吐槽，他朋友圈里有个哥们儿，每天秀方向盘，花式体位不重样的秀。昨天和哪个姑娘吃饭了，吃完在车里聊了一会儿。今天刚和某位领导谈完，准备回家。秀的方向盘有宝马、大奔、路虎，还不忘说：我可不是卖车的，都是我家的车。

我这朋友虽然没见过这个哥们儿，但难免有些微信共同好友，每次不少姑娘频频留言点赞。我朋友心想，看人家过得生活，真是滋润。

说到这儿，我朋友不禁吊了一下我的胃口。说：后来你猜怎么着？半年后，我陪我同事去修车，发现我这朋友圈里晒车的哥们儿是TMD是一修车的！

车的苦累、工作的艰辛、车主是他人，这些没有晒在朋友圈的才是这哥们儿真实的生活。也许真等他坐拥豪车无数的时候，他反而会晒起来自己修车的乐趣。

2014年，我去北京参观比尔·维奥拉的影像作品展。排了挺长的队，好不容易进去了。据说是比尔·维奥拉在北京的首次个展，还将全球首映其最新作品《逆生》。进去之后，我先找新作品咔咔一顿拍，然后赶紧的修图滤镜后发布到朋友圈。证明我来参加艺术展览了，我身边的同学打趣道：你看看你整的就跟多懂摄像，多么热爱艺术似的。

那刻，我突然顿悟。我并不懂艺术，甚至连比尔·维奥拉的背景资料都不知道，只知道他是被国际公认的视像装置艺术先驱这个称号而已。更别提他的作品都有什么意义，有什么理念了。我发布到朋友圈的目的是什么？证明我来了？让自己显得有艺术气息？看起来更文艺？其实真实的我并不热爱，甚至是一个简笔画也画不好，拍照没了滤镜就没法看的人。

我想呈现在朋友圈里的，只是那些让人觉得我更有档次的东西而已。我们都有过对要上传的照片精挑细选，为了凸显某些刻意用道具摆拍。我们也曾在朋友圈里无数次表达对妈妈的爱，却很少帮妈妈刷一次碗。

在朋友圈里，女人大都晒自拍、美食、礼物和旅游，男人大都晒肌肉、车子、运动和事业上的规模。在这个浮夸的社会里，通过晒这种行为来获得满足感。人人都在晒，晒的都是自我认为的优越感。其实那些没有或者不敢放在朋友圈里晒的才是我们真实生活的主调。

要知道我们是攒了多少个吃泡面的日子才买到了一个名牌包包；我们是熬了多少个加班的夜晚才拿到了这份offer；我们是用了多少次美颜加修饰才

P出这么美丽的自己……那些晒出来的包包、offer、照片只是生活中的点缀而已，背后的一切才是真实的你我。别拿朋友圈的内容来评价他人的生活状态，因为我们晒的不是平时的生活，只是生活中某些触动自己的瞬间，某些彰显自己闪光点的瞬间而已。

有意思的是，往往真正权高富有、过得很好的人会很不经意，甚至很避嫌一些会彰显特权和财富的细节。往往真正有文化底蕴的人，并不屑于在朋友圈晒自己读过什么书，写过什么文章。

有人嫌秀恩爱和晒孩子烦，也有人嫌晒富是炫耀，更有人嫌晒什么晒多了就是low。晒幸福的也许并不是真的幸福，炫富的也许真的有钱。但是不管哪种晒，作为一个看客看看就好，别把朋友圈真的当成了生活圈。如同这纷扰的大千世界的一出戏，有真有假，真实的人生精彩其实在台下。

真实的生活永远没有朋友圈里那么完美，真正的美好也不是晒出来的。朋友圈的各种晒也抵不过岁月，最终沉淀下来的才是真正的风景，真正属于你的生活。



有一天，当你不再遇到一点小事就沮丧，不再心情稍微不好就发朋友圈，而是仍旧认真工作，仍旧上着微博去看自己想看的信息，当你懂得多做少怨时，意味着你开始长大了。不要感到彷徨和迷茫，按当时的想法去走，可以找到更顽强的自己，或者独立地朝着理想走，反正你要的时光都会给你。

# 营造自己的舒适区

女孩子一定要过几年一个人的生活。不是一个月、半年，是至少一年以上，如同训练一样。让女孩子一个人生活，不是为了锻炼她做家务、整理房间、烧菜的能力，而是学习如何与自己相处。当我们开始享受一个人的生活，开始懂得了用读书，工作，吃饭，看电影，或者坚持一些小爱好来填满自己的生活，而不是一味地将排挤孤独的方式寄托于另一个人，才能真切地感受到生活的舒适和自由。

[ 1 ]

前段时间因为一些工作上的事情，被朋友叫了出去，在一个环境幽暗的咖啡厅。这种环境下最适合这帮文艺工作者们讨论一些偏正式的话题，快结束的时候，朋友紧皱一下眉头，说可能是好几天没有好好吃饭，胃突然很疼，于是我自告奋勇帮其驱车护送好友回家。

与她认识也是之前工作上有交集，还算熟悉，来她家里，还是第一次。

她在市区环境还不错的一个小区租了一套两居室，进小区的时候我不停地赞叹这里环境真好安静清新难怪能培养出她如此文艺恬静的气质，她笑笑说是呀，当然要住的环境好才能有生活的感觉。

可是当我跟她上楼进到她家之后，那真是一个彻底惊呆了，门口杂乱无章地摆了好几双鞋子，完全无法找到换脚的拖鞋在哪里，她回头对我笑笑说不好意思最近没时间收拾屋子，当我走近客厅后我想，她这个最近，可能已经过了很多个最近。

客厅的沙发上堆着书、衣服以及一些我一眼看过去无法分辨的杂物，地板上用完的吹风机插头还没来得及拔掉就随手放在了地上，拖鞋、袜子，以及吃剩的食品包装袋……唯有书桌前有几分下脚之地，她因胃疼而直不起身，我走进厨房想煮一碗简单的西红柿鸡蛋面给她，冰箱空空的只有几罐咖啡，而后看到厨房里唯一的一口锅被一堆没洗的碗掩埋在水槽最底处。

说实话，我真的很少看到一个女孩子的家是这样子。

真！的！是！震！惊！了！

也许我走进一个宅男的家里，看到如此场景，我想我可能会很稍许淡定。但是与她认识时间不算短，身边的人也都知道她，无论啥时候出现在人群中，都是长裙飘逸长发干净，白净的脸庞上怎么看都是一副岁月静好般模样，可是，她站在她的家里，怎么看都怎么的……不合时宜。

一瞬间我觉得很尴尬，看着她杂乱的家，就像突然窥探到了她的某个隐藏在身后的巨大的秘密一般，我变得很不自在。

巨蟹座爱做家务的本性瞬间就暴露出来了，满屋子没找到橡胶手套我准备挽着袖子赤裸双手就收拾，但是却一把被她拦住了，哎呀不要收拾，等改天我睡饱了不忙了，请人来打扫一下就行，你要是帮我收拾我反而会不知道自己的东西去哪了，这个啊我觉得真的不要紧的，家么，有个睡觉的床不就行了。然后顺便还对我吐槽了一下当下的婚姻爱情男女选择观，这年头，做好自己的就行了，没有哪个男人会因为你其他都很好而只是不爱做家务不会做饭不收拾屋子而嫌弃你的。

说完看着我然后笃定地点了点头。

没错，就像她说的，有很多人爱她，追求者或者是朋友。因为她就像你们看到的那样，爱旅行，爱自由，清新淡然，不矫揉造作，大大咧咧，包括，对她的"生活"。

哦，这我确信，但是，难道不做家务让自己生活的地方变得干净清新，仅仅是为了嫁人的时候不是充分必要的因素？

天生以家里整洁干净为自豪的外婆要是知道这种价值观的存在肯定懵圈了。


[ 2 ]


不过她说的好像也确实如此。

不知道从什么时候开始，爱干净做家务会做饭这些历久以来女生的传统美德好像慢慢地消失了，在满大街都是餐馆外卖的时代，会做饭变得完全不重要，一个电话就能送来一顿丰盛的晚餐。家务活也可以完全不用操心，乱点脏点没关系，钟点工的出现让她们彻底解放了双手，她们也许就真的像我的朋友说的那样，长得好看就行了。

这年头，只要长得美能带的出去够养眼就真的符合男生对于娶老婆的全部期望了吗，不知道男生是不是真的这么想，但也许真的有很多女生是这么想的，于是她们就拼命地做好那看起来很美的一部分。回到家里，无论自己的窝是什么样子，她们就都真的会无所谓了。

说到这些，我想起我很喜欢美剧里的一个角色，《绝望的主妇》里的bree，那个永远收拾有条的家里，一尘不染的家具，打理得别具一格的花园，最棒的是有着一手好厨艺，并且也能把自己收拾得美美地，那绝对是我心目中独一无二的偶像。

但是现在的人们好像一提到一个女生会做家务，都已经完全不在意，好像这个功能已经完全不重要了，有些女生甚至会以自己爱做饭爱做家务而感到难以开口？一个爱旅行爱自由长的美美哒的女生绝对能抵过一个爱做家务会做饭勤劳的女生很多倍。

尴尬的价值观。

[ 3 ]

说到我那个朋友。

我不信她不愿意给自己创造一个舒适温馨的居家环境，不然为什么她也总是喜欢在有情调装修雅致的餐厅里吃饭，要去有花有草灯光幽暗的咖啡馆里看书，不就是图能在吃喝的同时，好的环境和气氛能够带给我们不一样的心情么。让我们觉得在那一刻，我们宠爱自己。

如果不是，为啥不用一个在塑料纸杯装一杯热乎乎的速溶咖啡，坐在满地纸巾和一次性筷子的大排档里吃喝呢？

我想，不收拾家里，也许是因为家里没有别人会来么。

这才是重点！

可是我们大多数的时候，都是和自己呆在一起的，单身的时候尤其是。哪怕一整天在外面忙忙碌碌，回到家里不想有个舒服温暖干净的家可以休息么，那可是你目前在这个世界上独一无二的栖身之处（大多数人），哪怕你的那个房子是租来的不够大不够宽敞，可是你现在当下的生活是你自己的，不是别人的。收拾了干净的屋子，你的房东又不会去住，享受的可是付了房租的你。

我想，任何时候，首先要成为一个能够讨自己欢心的女生，并且明明白白地活给自己看。

也许，这样的姑娘，没有明白，什么叫活给自己看。

[ 4 ]

后来某天，刷朋友圈看到她坐在自己家窗户旁边的一张自拍照，配图是她自己在阳光下眯起眼睛笑的样子，确实很美。配文是，休息的时候，打扫卫生，也算是顺便锻炼了吧~评论我猜肯定是说姑娘你好好美好美好美，而我只想知道她的客厅收拾好了没，厨房呢……

我无意去说她的好或者不好，在着手写这篇文章之前，我跟她聊起了这个话题。她想了想然后跟我说，也许你说的对，我可能真的是因为觉得别人不会到我家里来，而我一直总想让别人看到我活的多么好多么洒脱，所以都会把时间放在PO图上了，好像不仅仅是收拾屋子这件事情，其他很多事情都是。好像很多事情我都不太在意自己到底舒不舒服，我只在意别人看我是不是舒服的。

可是你说得对啊，别人看不看得到不重要啊，我自己知道我到底怎么样嘛。

我长舒了一口气，两个女生就彻底打开了话匣子，然后我特别家长里短的开始真心地给她推荐哪个牌子的洗衣液不伤手，哪个牌子的床单又软又舒服，甚至包括我收拾鞋柜的技巧，然后我送给她一套碗碟置物架，并且很矫情地送了一张卡片，抄了别人的话写上去：房子是租来的，可是生活却不是。

我问她，那你是如何克服不爱做家务的这个毛病的呢？

　　她说，也没有很刻意，其实很简单，我明白了家是生活的一部分这个道理，我把精神和心灵寄托在这个地方，他们脏乱的话，我会觉得自己像是生病了，了无生趣。

　　现在的我开始学会乐在其中享受只我自己的这个天地，家，孤单却充实。然后她说，你知道吗，现在我不想去的聚会我就不去，也不会刻意地为了陪朋友去旅行，我宁愿在家里把地板拖得干干净净然后躺着看电影，顺便为自己泡一杯暖胃茶。

　　反正管她呢，说的对，生活是自己的，我干吗要当别人的演员。

　　这样的转变，真是太过于惊讶了。不过对我来说，真是太棒了。

　　得到她的许可写这些的时候，我说我能把这些写出来吗？希望大家都能跟我们一样，她依旧很笃定地点点头然后看着我说快写快写但是不要分享你的购物车就好。

[ 5 ]

　　我想，我们的生活组成了我们，甚至会逐渐成为我们身体的一部分，会长成我们现在的样子。

　　在我们收拾好我们的外表去面对这个世界的时候，不要忘记了我们也需要卸下我们的一切防备，回到属于我们自己的家里，然后面对自己，这个时候，我们需要善待自己，给自己一个温馨干净的家，让自己宠爱自己，从内心富足起来。

　　也许是在一个阳光很好的午后，阳光从窗户或者阳台洒进来，落在你那干净整洁的家里，阳台上晾晒的衣服散发出洗衣液清香的味道，远处的风景落在你眼里，全世界最美的风景也不过如此。

或者是周末的晚上，窝在沙发里看电视，茶几上的花瓶里是你为自己买的新鲜百合，阳台上是你刚修剪完的绿色植物，整个屋子充满了生气，而此时，你看电影微微的略有困意，走进温暖的卧室，躺进自己柔软的被窝里，你给自己了最真实最贴切的宠爱。那一切的舒适，造就了最可爱的自己。


　　改掉你的大大咧咧二货的性格吧，少玩点游戏多看看书，培养一个喜欢的兴趣爱好，认认真真地做好每一件小事每一个工作细节，拜托把房间收拾干净妥当，不要把每个情绪放在脸上警言慎行，买简单干净的衣服，管好你的心，放在它该在的位置，你要有更多的力量去独立去完成去变得更好！

# 每个人有自己的属性，
# 不用去复制他人的人生

糖吃进嘴里才最甜，路自己走出来才最真实。做自己爱做的事情，做自己想做的事情，不用羡慕他人的生活，自己的人生应该独一无二，而不需要去复制别人那不适合自己的快乐！每个人都有不同人生，收获着不同的惊喜，不用去羡慕嫉妒他人，因为那是别人的人生，你复制不了，也盗不走，或许你的人生在别人眼里也是风景，享受生活带给你的每一个惊喜吧！

胡子先生是我的邻居兼好友，我几乎是看着他长大的，不，我们是一起长大的。胡子先生的父亲老胡是商界精英，坐拥千万资产，有一家运营良好的企业，他培养儿子的目标是让儿子成为和他一样的人，然后接他的班。

老胡的经历里，二十岁进了企业，成了最底层的工人。所以，在胡子先生二十岁那年的暑假，老胡让胡子先生去一个矿泉水厂当搬运工。那个夏天，胡子先生中了两次暑，其中一次还被送进了医院。老胡说，必须要磨炼他。

老胡的经历里，三十岁开始参加酒局，所以，他在胡子先生三十岁那年带他一起去参加酒会，然后半夜，我还听到胡子先生在楼道口哇哇大吐。老胡说，以后会好的，会好的。还有，他让胡子先生学财会、看历史、读励志书籍。他说，他以前就是这么过来的，这是会给人力量的。

可是，胡子先生一点都不喜欢。他时常说，这老头子不知道是怎么想的，他是他，我是我，可我一点都不想成为他。与老胡谈了几次宣告失败后，胡子先生用了年轻人最绝情的手段：离家出走。胡子先生走后，老胡哭得像个泪人。一个老男人在家号啕大哭，着实吓人。他跟所有能联系的人都联系了，说，胡子先生回来后，一定随他的心愿，他爱做什么做什么。

后来，胡子先生回来了。老胡给他开了个画廊，胡子先生拾起了他最爱的画笔。虽然经营惨淡，但每天都是高高兴兴的样子。他和我说：他是他，我是我，我为什么要走他走过的路呢。他说的时候，真是帅呆了！

我想到胡子先生，是因为前两天，我看了一个讲座视频，是许知远先生的《我愿做一盆冷水》，他在讲座中说，我们现在的大多数人都在过别人眼中的人生，可是，我们每个人的人生都是不可复制的。忽然，我就想到了胡子先生，想到了许多悲凉的人：那些复制或者被要求复制别人人生的人。

小时候，学校的老师总是喜欢把一个差生和一个优等生搭配起来，美其名曰"榜样的力量"。我的初中班主任是个年纪很大的女人，她对人的判断仅在于学习成绩。她喜欢对比优等生和差等生：好学生中午睡觉的时候，她会说差学生，你看，人家注重劳逸结合，你呢，该休息的时候不休息；好学生中午不睡觉的时候，她会说差学生，人家读书的时候你睡觉，怪不得学习不如人家。毕业后，很少有人去探望这个老师，我的眼前常常浮现出当年她那强势的模样，好像非得按照她的意愿做，才是优秀的。

每个人活着，都有他的人生。我并不讨厌父母口中"别人家的孩子"，他们也许很优秀，如果父母仅仅是用他们激励你成为优秀的人，而不是成为他们，又何妨。偏偏是有些人希望你成为另一个人，让你按照另一个人的成长轨迹生活。殊不知，每一个人的经历都是不可复制的，每一个人所处的环境也是不可复制的，而那些所谓优秀的人，也不过是某些人眼中优秀的人而已。

我不觉得你和王石先生一样，年轻时做过劳工，又读过一些书，就能成为王石；我不觉得你和杜子建一样有过牢狱的历史，就能出书，能成为营销高手；我也不觉得你和毕飞宇一样，当过记者，爱好文字，有一腔热情，就能成为作家。个体的人，本身就是独一无二，是现于外而入于内的。况且，每个人都有寻找独立人生的权利，每个人独立的人生，都值得尊重。

我把这个许知远的视频发给胡子先生看，他正在画廊画画。他笑笑说，本来就是这样。我们干吗去复制别人的人生，再粘贴到自己的人生上？当然，我也不愿意把我的人生粘贴到别人身上。

不同的背景，不同的人生。不用羡慕，嫉妒，复制他人的人生。各有各的不同，各有各的精彩。你无法复制别人的成功，在这个繁华的世界你只可服从内心过上自己的生活，不用刻意迎合别人的价值观，也不必为他人的时候生活操心，人生如戏，谁也不知命运何时从新洗牌，守的初心，你只是来这个世界上看看，在合适的时间合适的地方做一次主角，何必事事较真，自己所拥有的才是最幸福的。珍惜现在拥有的，规划将来想拥有的。

# 别傻了，才没人有空搭理你

人生就像一场旅行，只是人生的旅行，没有回头路；人生也像一部电影，只是每天没有彩排，更没那么观众，更多的时候是自己。对于我们大部人来说，都是在平凡的岗位上，做着平凡的工作，有一个平凡的爱人和家庭，过着平凡的生活。大可以开心的活、快乐地过，何必活得那么操心。你没有那么多的观众，也没有你想象的那么重要。所以，去做你喜欢做的事情吧！

以前的公司，员工非常多，并且工作中经常需要协调。有一个同事，我和她曾经有过矛盾，有过误会。其实我还蛮欣赏她的，她字非常漂亮，一笔一画，工整有力度。她工作能力非常强，口才很好。长得也很漂亮，眼睛非常大。对人也不错，谁遇到困难需要她，都会热心帮助。

但是，问题就出在这个但是上，她有点情绪化，被迫害妄想症。她总是觉得周围人都针对她，她有一段时间业绩不好，变得更加敏感。她觉得作为一个老员工，很丢人，别人肯定瞧不起她。有时候如果新员工和她说话，没有加上某某老师，她会觉得人家对她不尊敬。

这些想象加在一起，让她压力很大，有时候同事间无意一句话就会哭，甚至会和别人绝交，拉黑QQ号。最近，我听说，她这个毛病好了。因为她把这个想法告诉另一个同事，另一个同事说：你没有那么多的观众，没有谁真正关注你。她突然明白了什么，从这以后，对于很多事情就没有那么在意了。我已经很久没有见到她了，但我想现在的她一定很有人格魅力，我们之间的矛盾和误会，已经随着我的离开和她的释怀不复存在了。

我想到了以前的自己，如果一件事情做不好，我会难过很久，觉得周围人都在看我。成绩退步了，感觉别人都在嘲笑我：看吧，没考好。失恋了，会觉得周围人说：真没有用，男朋友跑了吧。这样的事情很多很多，我变得更加敏感，压力非常大。我有一天受不了了，给我妈妈打电话，倾诉我的苦恼。我妈妈，给我讲了一个故事，我顿时明白了。

我妈妈说：夏天雨下得很大，路上不平，有一个水坑。你和小花一起放学，你不小心滑倒了，周围人都嘲笑你。你感到非常难过，郁闷了一天，觉得自己真没用。而那些嘲笑你的人，转过头就忘了。如果你还不明白，我再说一件事，小花没有考上高中，你就回家说了一次，以后再也没提过。而小花从此不再来我家玩了，我问她妈妈，她妈妈说小花觉得没考好，丢人，不好意思出门了。

我听完就明白了，我没有那么多的观众，没有谁那么关注我。就像我现在经常写文章，浏览量还可以。但我连续几天不写，也不会有人问我有什么事情，空间访问量马上下降。就像新闻头条一样，更新得很快。我明白这一点后，内心就不怎么纠结了。我出去学习，有什么不明白的地方，会及时问老师，即使这个问题很简单。我不怕别人嘲笑我，因为我没有那么多的观众。没有谁真正会在意一个不相干人的事情，至多影响到他，当时有点不耐烦。

就像明星八卦，王菲离婚了，和谢霆锋和好了；章子怡和汪峰恋爱了。这样的新闻我可能也会随口说几句，可我该吃饭就吃饭，该睡觉就睡觉，不会影响到我什么。就算明星有那么多观众，也没有谁真正因为他们的事情会影响到自己的生活。那些喊着谁谁分手，再也不相信爱情的人，可能正在甜蜜地谈着恋爱。

你没有那么多的观众，我也没有那么多的观众，不要太在乎别人的看法，即使议论。你没有那么多观众，不要活的那么要面子，那么累。你不是王菲，也不是章子怡，没谁那么关注你，该干什么就去干什么。在乎别人的看法只能让自己更加自卑更加难过。

还有很多事情只是你的想象，假想出来的敌人。就像《步步惊心》上八福晋和若曦姐姐斗了一辈子，最后才发现人家压根就不在乎，一切只是自己的想象。你看到的不一定是真实的，你认为世界是怎样，它就会怎样来对待你。我们周围的人其实是我们的镜子，看到的都是自己。哦，恍然大悟，其实我也没有那么多观众。

其实每个人没有那么多的观众，自己最在乎的事往往在别人看来算不了什么，只是自己太在意了，太在意人与人之间的关系或者事情发展的趋势，想想在不在意其实结果都是一样的，自己只要有自己的一套风格就好，管别人怎么说怎么看呢！自信才是最重要的！

# 别被一根线束缚了你的人生

自由，是做自己喜欢的事；幸福，则是喜欢自己做的事。繁华三千，看淡即是云烟！烦恼无数，想开就是晴天！不做牵绊的风筝，只做自由飞翔的雄鹰。你的人生只掌握在你自己的手中，勇敢去飞，带着梦想和爱。

小时候拿了零花钱，你想买一盒漂亮彩笔，父母说"你应该买那本故事书"，你犹豫半天，放下了心爱的彩笔，买了故事书，因为你想听他们表扬你"真乖"；

中考那年，你想要成为一名快乐的幼教老师，他们说"那有什么出息，考高中上大学才厉害"，你虽然有点不情愿，但还是去考了高中；

高考成绩不错，你想去那座喜欢的南方城市读书，那所大学里有你喜欢的专业。他们说"离家太远啦，不方便，你不如这个这个这个"，于是你在离家很近的大学读书，选了一个你并不喜欢但据说很好找工作的专业，四年里你味同嚼蜡，却又想"他们到底是为我好啊"；

你不打算考研的，你想找份喜欢的工作，自食其力，过自己喜欢的生活，薪水低一点也没关系。但他们说，"你得考公务员啊，至少也得是事业单位啊，多稳定啊"……后来你考了公务员，朝九晚五，成了人人嘴上羡慕心里却觉得好无趣的那个熬日子的人；

谈恋爱的时候，结婚的时候，买房子的时候，生孩子的时候，想要跳槽的时候……有一天你猛然发现，自己从未离开过"他们"，生活里一直有他们的影子，你的父母，你的亲朋，你的同学好友，或者是你的爱人。

他们七嘴八舌地参与着你的人生，左右着你的想法，甚至，掌握着你的未来。

你看过《楚门的世界》，觉得很荒诞，可是有一天你发现自己跟楚门一样可怜，因为你一直都没有过上你喜欢的生活，你过的都是他们想要你过的生活，或者，在爱的名义下他们认为你应该过的生活。

你可能是他们理想的延续，也可能是他们对生活不满所抱有的一线希望，你是他们抗衡庸常人生的武器。

可惜的是，你唯独不是你自己。

你不能选自己喜欢的玩具，那时你还小，没有办法；

后来你发现自己越长越大，你没有力量去做自己，不能选的东西仍然很多，甚至越来越多，你的人生被爱温柔地绑架了，越走越远，越走越急。

不止一次有人跟我说，有了孩子以后，越想越害怕。因为母亲对自己的那些"控制"，开始在更小一代身上发挥威力——有些人是习惯或者乐于成为一个家庭的权威的，家庭财务要管，儿女的工作要管，孩子的吃喝拉撒必须按照他们的意思，大事小情无所不包，全都要听我的！

不听怎么办？！

一哭二闹三折腾，一定会让你束手无策，乖乖就擒。

不理会呢？是否会知难而退，分开住，给彼此一点空间？

不不不，有的人动辄就拿寻死觅活来吓唬自己的儿女，你以为这是奇葩，生活中却一点都不少见。

因为，这些年，他们已经习惯成为"掌控者"，一旦失去了力量，人生就失去了颜色。

所以，是爱的绑架者让你不能成为你自己，但同时也是你的纵容，让他们成为另外一番模样。

女友说，她眼看母亲控制了弟弟一家，弟弟孝顺不好反驳她太多，弟妹柔弱无力抵抗，母亲将自己强大而不容易质疑的意志全部灌输到他们小家庭里，他们几乎不能有属于自己的生活方式和乐趣，一切都要以母亲为准。

想想看，好可怕。

更可怕的是，很多人认为这是很正常的，甚至会帮忙开脱：是为你好啊，是因为爱你们，这还有什么不满意？！

今天看到一句话，"相比于锋芒毕露的批评，和颜悦色的怂恿显得分外温柔"。

有多少家庭矛盾恰是源于母亲们和颜悦色地怂恿自己的儿子去"争取更多权利"，她们并不是横加干涉，但是争取到了儿子，也就争取到了"胜利的武器"，导致家庭面目全非甚至分崩离析的例子，数不胜数。

我给克莱德先生推荐毛姆的短篇小说集，他非让我给他先讲几个故事来听听。其中我给他讲了《风筝》——

一位自诩为上等人家的太太，对自己和丈夫要求都挺高，有了孩子以后也是如此，要把儿子培养成真正的绅士。一家人，在太太的强大意志管理和笼罩下倒也相安无事，他们唯一的娱乐和爱好就是周六去放风筝，当妈的恨不得这样过一辈子。

有一天，儿子带了女朋友回来，母亲百般羞辱她，没想到儿子反而心有不忍向她求婚，并不顾阻拦同她结婚，彻底搬出了父母家，过起了自己的小日子。

天长日久，儿子很怀念自己唯一的爱好风筝，但是妻子嘲笑他说那是小孩子的玩意。后来他就偷偷去，发现母亲已经花重金打造了更豪华的风筝，他开始重新跟父母放风筝，直到妻子发现勃然大怒，给他收拾了行李。

他提着行李回家，母亲说：太好了，房间已经准备好了。

他再也没有离开父母家。在母亲的支持下只给妻子能够吃饭的钱，任凭妻子敲门、哀求、咒骂都无动于衷，父母家太舒服了；婚姻破碎，法官判他支付赡养费，他也一分钱都不肯给，宁愿坐牢。因为，妻子毁坏了他的风筝。

没有人甘愿做一只被别人掌控在手里的风筝。

可是，如果你不奋力挣脱那根线，不努力地去做自己，你就永远摆脱不掉别人的期待、爱和渴望的枷锁，就会跟着别人的方向和轨迹去行走，去过看似是你实际上却是别人操控的人生。

成为你自己需要很大的勇气、力量和智慧。

但是无论付出再多，这也是值得的。

当你成为你自己，你才会更真切地知道什么是好，什么是适合自己的，什么是属于你的真正的幸福，什么是你想要的爱，什么时候可以义无反顾地离开。

而不是，人云亦云，成为别人的影子，或者，一只风筝。


今生今世，我不做风筝，不愿牵制于任何人手中。我要做一只鸟，不停地飞，不停地唱，在临死的时候化为一道自由来去的风。你有鸡汤，我有信仰；你有故事，我有白开。不做断了线的风筝，不被世俗悠悠于心。你若盛开，芬芳自来。